本书获中南林业科技大学学术著作出版基金资助

退耕还林工程对农户生产要素配置及收入影响研究

蒋欣 著

中国财经出版传媒集团

经济科学出版社
Economic Science Press

·北京·

图书在版编目（CIP）数据

退耕还林工程对农户生产要素配置及收入影响研究／
蒋欣著 . -- 北京：经济科学出版社，2023.7
ISBN 978 - 7 - 5218 - 4952 - 3

Ⅰ．①退… Ⅱ．①蒋… Ⅲ．①退耕还林 - 影响 - 农户
- 生产要素 - 配置 - 研究 - 中国 ②退耕还林 - 影响 - 农户
- 个人收入 - 研究 - 中国 Ⅳ．①F126

中国国家版本馆 CIP 数据核字（2023）第 132165 号

责任编辑：凌 敏
责任校对：王苗苗
责任印制：张佳裕

退耕还林工程对农户生产要素配置及收入影响研究
蒋 欣 著
经济科学出版社出版、发行 新华书店经销
社址：北京市海淀区阜成路甲 28 号 邮编：100142
教材分社电话：010 - 88191343 发行部电话：010 - 88191522
网址：www. esp. com. cn
电子邮箱：lingmin@ esp. com. cn
天猫网店：经济科学出版社旗舰店
网址：http://jjkxcbs. tmall. com
北京密兴印刷有限公司印装
710×1000 16 开 11.5 印张 180000 字
2023 年 7 月第 1 版 2023 年 7 月第 1 次印刷
ISBN 978 - 7 - 5218 - 4952 - 3 定价：48.00 元
（图书出现印装问题，本社负责调换。电话：010 - 88191545）
（版权所有 侵权必究 打击盗版 举报热线：010 - 88191661
QQ：2242791300 营销中心电话：010 - 88191537
电子邮箱：dbts@ esp. com. cn）

前　言

　　良好的生态环境是人类赖以生存和发展之根本，而社会经济文明建设和发展则是实现和恢复生态环境的基础。1998 年长江流域特大洪灾之后，我国政府选择四川、陕西、甘肃 3 省共计 174 个县从 1999 年开始开展退耕还林工程试点，2002 年，正式启动退耕还林工程，逐步扩展至全国 25 个省（区、市）。截至目前，退耕还林工程已经实施了二十多年，是否促进了农户生产要素配置的优化？是否影响了农村劳动力的就业结构？是否实现了农民增收？这些影响机制是什么？一系列问题亟待研究，同时关系到退耕还林工程及其他类似生态系统服务支付项目（PES）能否实现一种可复制的助推农户增收路径。因此，回答上述问题对于完善退耕还林的政策以及科学地推进退耕还林工程的实施具有重要理论和现实意义。

　　基于以上研究背景和问题，本书以退耕还林工程为研究对象，基于外部性和公共物品理论、劳动力转移理论、要素配置效率理论等多维理论体系，结合 20 年农村住户追踪调查平衡面板数据，首先，分析研究区域及样本县概况；其次，使用固定效应模型及双重差分估计方法评估退耕还林工程对农户土地、劳动力和资本等生产要素配置的影响，采用 DEA – Malmquist 指数方法测算农户的全要素生产率指数及运用 Tobit 模型评估退耕还林工程对农户生产效率的影响，构建联立方程分析退耕还林工程对农户收入的影响和运用贡献度测分法测算退耕还林工程对农户收入变化的贡献率，最终为完善和继续推进退耕还林工程实施提供有效且现实可行的理论和政策建议。

　　本书研究的主要结论为：第一，退耕还林工程对样本农户生产要素配置产生了显著影响。工程总体上增加了样本农户林地面积、林业和以土地为基础劳动力及林业和畜牧渔业资本投入，且具有明显的区域和时间差异。第二，退耕还林工程对样本农户总生产效率和种植业生产效率均有显著影响。退耕还林工程对样本农户总生产效率的影响来自技术进步和技术效率的共同作用，但技术效率的作用大于技术进步。对样本农户种植业生产效率的影响主要是技术效率影响，其中纯技术效率影响大于规模效率，且工程对黄河流域和长江流域影响具有显著差异。退耕还林年数对样本农户总生产效率和种植业生产效率影响均呈倒"U"型，但对样本农户总生产效率影响的时间跨度更大。同时，退耕还林工程对不同等分组样本农户影响各异。第三，参加退耕还林工程显著地增加了样本农户的总收入，减少了样本农户的种植业收入，但退耕还林工程实施不同阶段对不同收入水平和耕地规模样本农户的总收入与种植业收入贡献率存在显著差异。此外，分流域来看，退耕还林工程对黄河流域样本农户各项收入的综合影响均为正向显著，持续性强；而对长江流域样本农户林业收入和以土地为基础收入的综合影响为正向显著，对种植业收入和总收入多为负向影响，对非农收入影响不显著、持续性弱。但2007年退耕延长期后，退耕还林工程对长江流域样本农户的种植业收入贡献明显提高。

通贯全篇，本书基于时空视角，利用长期大样本农户追踪调研数据和相关理论及实证分析方法，对退耕还林工程以生产要素和生产效率为传导介质对农户收入的影响进行了综合考察；并且验证了退耕还林工程对农户收入的影响是一种联合决策行为。

本书可能的创新之处在于：一是进一步细化和明确退耕还林工程对农户生产要素配置及效率和收入的影响，弥补了学界主要将生产要素投入作为退耕还林工程影响农户收入的传导介质的不足，本书将农户的生产要素投入变化所导致的生产效率变化也作为影响传导介质之一，构建了退耕还林工程对农户生产要素投入、生产效率与收入影响的联合决策机制。二是重视退耕还林工程实施过程中的政策差异与变化，如补助政策调整和区域差异，并将这些政策差异与变化体现至计量经济学模型中，深化了退耕还林工程影响农户生计的研究领域。三是考虑退耕还林工程对农户收入总体影响与边际影响，以及农户异质性、资源禀赋等对退耕还林工程实施效果的影响。

　　但限于研究方法和工具，首先，本书主要以生产要素投入和生产效率这两个影响路径详细探究了退耕还林工程对农户收入影响，以及对退耕补贴的其他影响路径也做了一定程度的探索性研究，而对退耕还林工程对农户收入决策复杂的影响过程却无法完全观测出来，如生产技术等影响因素考虑不足。其次，本书使用了第一轮退耕还林工程整个时期的数据，但由于尚未获得新一轮退耕还林工程起始年2014年以后的完整数据，从而尚未深入探究新一轮退耕还林工程对农户收入的影响，对此在后续研究中，将继续跟踪调研，以填补这方面的研究不足。最后，退耕还林工程面临着退耕农户收入减少与复耕等现实问题，亟待建立健全巩固退耕还林成果的长效机制。退耕还林可持续性问题是指政府退耕补助结束后，由于劳动力转移、退耕地产出以及替代生计来源等方面的转型困境，给予退耕农户以长期稳定的生态补偿是解决退耕还林可持续性问题的重要途径。为此，亟待建立更加公平的基于生态系统服务与农户收入的退耕还林生态补偿机制，以替代和对接现行财政补助政策，实现退耕还林的可持续发展。总之，将来的研究需紧密结合"十四五"规划乃至今后更长时期区域可持续高质量发展与森林生态补偿制度创新需要，紧扣《全国重要生态系统保护和修复重大工程总体规划（2021—2035）》等国家战略，关注退耕农户增收的迫切需求，厘清生态系统服务功能与退耕农户增收的内在联系，明确退耕还林可持续发展生态补偿标准形成机制，以推动退耕还林生态系统服务功能有效地转变为现实而长期改善人类福祉的能力。

目　录

第1章 导 论

1.1 研究背景

1.1.1 退耕还林工程启动背景和政策演化过程

20世纪90年代末期，退耕还林工程重点营造生态林，为我国恢复与改善生态环境作出了巨大的贡献。1998年长江流域特大洪灾之后，我国政府决定实施退耕还林工程。1999年开始在四川、陕西、甘肃3省共选择174个县按照"退耕还林、封山绿化、以粮代赈、个体承包"的政策措施，率先开展试点工作，到2001年底，试点省（区、市）增加到20个。[①] 2002年，退耕还林工程正式启动，国务院同年底颁布了《退耕还林条例》，这标志着退耕还林工作正式纳入法制化进程。

2003年是退耕还林工程实施以来任务最重的一年，国家共安排退耕还林任务713.33万公顷，其中，退耕地造林336.67万公顷、宜林荒山荒地造林376.66万公顷。[②] 2003年也是《退耕还林条例》实施、工程建设走上法制化轨道的第一年。为全面贯彻和落实《退耕还林条例》，进一步加强退耕还林工程管理，确保国家退耕还林工程各项任务的全面完成并达到质量要求，国家林业局与各工程省（区、市）人民政府和新疆生产建设兵团签订了2003年度

---

① 李世东. 中国退耕还林还草工程 [N]. 中国绿色时报, 2021 – 06 – 23 (03).

② 国家林业和草原局. 中国退耕还林还草的二十年 [EB/OL]. 2020 – 06 – 30, http: // www. forestry. gov. cn/.

退耕还林工程责任书。为进一步规范工程管理，国家林业局修订、完善了一系列工程管理办法，印发了《退耕还林工程作业设计技术规定》《退耕还林工程建设监理规定（试行）》《退耕还林工程档案管理办法》。各级林业部门狠抓条例宣传、责任落实、作业设计、种苗供应、工程质量、检查验收、档案管理、确权发证、后续发展研究等工作，保证了工程建设的顺利进行。为了保证退耕还林工作顺利进行，更好地贯彻退耕还林政策，国务院于2004年向各省（区、市）人民政府以及国务院有关部门发布关于完善退耕还林粮食补助办法的通知：坚持退耕还林的方针政策，国家无偿向退耕农户提供粮食补助的标准不变。从2004年起，原则上将向退耕农户补助粮食改为现金补助。中央按每千克粮食（原粮）1.40元计算，包干给各省、自治区、直辖市，具体补助标准和兑现办法由省级人民政府根据当地实际情况确定。之后，依据财政部等六部门联合发布的《退耕还林退牧还草禁牧舍饲粮食补助改补现金后有关财政财务处理问题的紧急通知》，从2004年5月1日起，退耕还林停止兑付粮食，一律发放现金。2007年，国务院发布了关于完善退耕还林政策的通知，指出当前和今后一个时期退耕还林的工作中心转变为巩固成果和解决退耕农户长远生计问题。首先，对退耕农户仍然采用直接补助。为保证农户生计，由中央财政安排资金在现行退耕还林补助期满后，继续向退耕农户发放现金补助，补助标准为原每亩退耕地每年20元生活补助费与管护任务挂钩，以直接补助方式发给退耕农户，南北方地区每亩退耕地均减半后以不同标准向农户发放补助现金，并且根据验收结果，兑现补助资金。由于经济发展状况有所差异，各地可在国家规定的补助标准基础上，结合实际适当地提高补助标准，以保证退耕农户生计。退耕还林粮食和生活费补助政策在2006年前已经期满的，要从2007年起发放补助；凡是2007年以后到期的，则从次年起发放补助。其次，为聚力解决影响退耕农户长远生计的突出问题，建立巩固退耕还林成果专项资金。专项资金由中央财政安排，主要用于退耕农户的基本口粮田建设、农村能源建设、生态移民以及补植补造，具体包括西部地区以及享受西部地区政策的中部地区和京津风沙源治理区，并向贫困地区倾斜。最后,中央财政以各省(区、市)退耕地还林面积为依据,核定巩固退耕还林成果专项资金总量,并于 2008 年起按 8 年集中安排,逐年发放,包干到省。

2014 年,新一轮退耕还林工程正式开始实施,由原来"政府主导、农民自愿"转变为"农民自愿、政府引导",重点内容为坡耕地和严重沙化耕地退耕。由于借鉴了前一轮退耕还林经验,新一轮退耕在增进公平、提高效率和政策可持续性方面取得长足进展;实行农户自愿参与原则,农户有更大的话语权,有权决定是否参与退耕、退耕地块确定和树种选择。退耕还林作为一项公共政策,其政策目标也由原来的单一生态目标转变为多重目标,由于退耕区往往是山区、生态恶化区或贫困区,对退耕农户而言国家发放的各项补助,如现金、种苗费及粮食补助,客观上增加了农民收入,有利于贫困户脱贫,特别是可以在短期内改善贫困户的生活状况。但新目标也为工程的进一步实施增加了难度,因此开拓新的思路有利于将工程实施与地区经济发展、农民增收、农业产业结构调整结合起来。第一轮《退耕还林条例》规定种植经济林补助 5 年,种植生态林补助 8 年,目前我国已有部分种经济林的退耕还林地补助到期,而生态林的补助也即将到期。与第一轮退耕还林强调生态林相比,第二轮将不再强调南北方地域差别及林种、树种等区别,鼓励大力发展经济林,并且全国统一按照"乔木、灌木、草本"三种标准实施。

2016 年 2 月,财政部等八部门联合发布《关于扩大新一轮退耕还林还草规模的通知》。第一,确定需要退耕还林(还草)的陡坡耕地基本农田调整为非基本农田。第二,对贫困地区要加快新一轮退耕还林还草进度。从 2016 年起,国家与各个省份在安排新一轮退耕还林还草的任务时,要倾斜于贫困人口较多、扶贫开发任务重的省份和地区,从而加快贫困地区脱贫致富,充分发挥退耕还林还草政策的扶贫作用和社会效益。第三,新一轮退耕还林还草补助资金要及时拨付,补助资金由中央财政和国家发改委共同承担。退耕还草每亩补助 1000 元(其中国家发改委承担种苗种草费 150 元、现金补助 850元由中央财政专项资金安排)、退耕还林每亩补助 1500 元(其中国家发改委承担种苗造林费 300 元、中央财政专项资金承担现金补助 1200 元）。由中央承担的退耕还林补助资金分三次下达给各省政府，每亩补助资金具体安排为：第一年 800 元（其中包括种苗造林费 300 元）、第三年 300 元、第五年 400 元；退耕还草补助资金分两次发放给各省政府，每亩补助资金具体安排为：第一年 600 元（其中包括种苗种草费 150 元）、第三年 400 元。对于新一轮退耕还林还草补助资金，各地要严格按标准执行并及时拨付。第四，要认真研究并重视在陡坡耕地梯田、重要水源地、15°～25°坡耕地及严重污染耕地的退耕还林还草需求。

1.1.2 退耕还林政策的差异分析

（1）退耕还林政策实施背景、目标和原则不同。首先，1997 年的黄河断流和 1998 年长江洪水等自然灾害的发生，促使中国选择在黄河中上游和长江上游地区率先试点实施退耕还林工程，它不仅有利于水土保持和调整农业生产结构，还有利于推动扶贫工作的进行以及经济的可持续发展。其次，试点期退耕还林工程目标是要停止长江上游、黄河中上游地区水土流失严重的坡耕地上的农业生产，重在实现西部地区生态环境的改善。第一轮退耕还林政策突出特点是国家把退耕还林正式列为生态环境保护与建设项目，制定了农户的退耕补助政策，明确了退耕还林必须与当地经济发展相结合，进而努力实现经济效益与生态效益"双赢"的目标。新一轮退耕还林还草工程启动前，超过 80% 的原退耕面积已进入延长期。由于农业直补和城镇化政策的推动，退耕区的土地利用结构发生较大变化，已经出现复耕现象并不断加重，农户从退耕地获得的经营比较利益也已明显不如耕地。① 但经济增长明显提高了农村的社会保障水平和改善了基础设施，从而使得退耕农户的整体经济福利和发展能力不断提高，也使得他们对退耕补助的依赖不断减轻。同时，中国城镇化进程的不断加快将使更多农户从土地上释放出来，选择外出务工，将进

---

① 谢晨，黄东，于慧，等. 政府监督和农户决策：巩固退耕还林成果因素分析——基于 24 省 2120 户退耕农户的调查结果 [J]. 林业经济，2014, 36 (3): 9–15.

一步缓解人口对林地和耕地的压力，更有利于实现退耕还林的新目标。最后，实施原则由"政府主导、农民自愿"转变为"农民自愿、政府引导"。新一轮退耕还林政策更能体现农户自愿参与原则，尤其是农户在是否参与退耕、树种选择和退耕地块确定等方面有了更大的话语权，且所退耕地多严格限定在坡度≥25°的非基本农田。

（2）退耕还林政策的补贴标准不同。退耕还林工程自1999年试点以来，国家先后出台了两个政策性文件法规对退耕还林政策的补助标准进行了规定，即《国务院关于进一步做好退耕还林还草试点工作的若干意见》和《国务院关于完善退耕还林政策的通知》，前者对第一轮退耕还林政策的补贴标准进行了说明，后者对新一轮退耕还林政策的补贴标准进行了说明，具体补贴标准如表1－1所示。由于借鉴了第一轮退耕还林的经验，新一轮退耕在范围界定、补助标准和补助期限、配套政策等方面作出新规定，在增进公平、提高效率和政策可持续性方面取得长足进展，各项政策要求基本得到落实。

表1－1　　　　　　　　　退耕还林政策的补贴标准

政策阶段	实施区域	粮食补贴	现金补贴	种苗费补贴	备注
第一轮退耕政策补贴标准（粮食补助）	长江流域及南方地区	300斤	20元/亩	50元/亩	
	黄河流域及北方地区	200斤	20元/亩	50元/亩	
第一轮退耕政策补贴标准（现金补助）	长江流域及南方地区	0	210+20元/亩	50元/亩	
	黄河流域及北方地区	0	140+20元/亩	50元/亩	
退耕延长期政策补贴标准	长江流域及南方地区	0	105+20元/亩	0	巩固退耕还林成果专项资金
	黄河流域及北方地区	0	70+20元/亩	0	
新一轮退耕还林政策补贴标准	不分区域	0	1500元/亩	0	

《国务院关于完善退耕还林政策的通知》规定将在农户现行退耕还林粮食和生活费补助期满后，继续延长补助期。即由中央财政安排资金，以原补贴标准减半的补助标准，给予退耕农户适当的现金补助。南北方每亩退耕地补助现金具体为：黄河流域及北方地区由原来每年的140元减少为70

元；长江流域及南方地区由原来每年的 210 元减少为 105 元。不同林种的补助延长期也有所差异，具体为：还经济林 5 年，还生态林 8 年，还草 2 年。以验收结果为依据，兑现补助资金。我们调研数据的时间跨度是 1995~2014 年，调研样本农户基本上处于第一轮退耕期和退耕延长期，即退耕开始年是 1999~2008 年。因此，样本农户 2005 年（经济林）、2008 年（生态林）以前耕地面积随退耕年数增长呈减少趋势，而之后样本农户耕地面积则无多大变化，说明之后样本农户基本处于退耕延长期，无新增退耕耕地。

（3）退耕还林政策的支付方式不同。最初，退耕还林政策就提出将粮食等不同形式的补贴直接发放到农户手中，为了保证各种补贴能足额、及时地发放到农户手中，相关部门还建立了退耕农户档案、退耕补助公示等一系列制度。1999 年政府开始对 174 个试点县退耕农户发放粮食补助，2004 年起原则上将向退耕农户的粮食补助改为现金补助，2004 年 5 月 1 日起政府停止对退耕农户兑付粮食，一律发放现金。2005 年 4 月退耕补助形式由粮食改为现金支付后，地方政府采用了财政直通车方法将退耕补贴直接拨付至农户手中，以防发生退耕资金的截留、挪用等情况。年度监测结果也验证了此方法的有效性，结果显示退耕补助的兑现率在 95% 以上。通过一系列创新性的资金拨付办法，有效地提高了退耕还林工程公共财政资金的使用效率。

1.1.3 退耕还林工程实施的重要性

首先，适当扩大退耕优惠政策，进一步调动农户参与退耕还林工程积极性。国家发改委等五部门在 2014 年 9 月 25 日联合印发《关于下达 2014 年退耕还林还草年度任务的通知》，标志着新一轮退耕还林工程的实施进入实质性阶段。与第一轮退耕还林工程相比，农户在林种选择上更有自主权，且不受生态林与经济林比例的制约，此外还允许大力发展林下经济，如允许种植豆类等矮秆作物。2021 年新一轮退耕还林工程实施进入第 8 年，全年共完成造林面积 375.44 万公顷，其中退耕地造林 30.08 万公顷，退化林修复 101.13 万公顷，新封山育林 123.51 万公顷。2021 年，全年林草投资总计 2343.8 亿元，其中造林与抚育投资共计 1352.7 亿元。[①] 自 1999 年工程启动以来，中国先后开展了两轮大规模退耕还林还草，中央累计投入 5700 多亿元，共计完成退耕还林还草任务 2.13 亿亩，同时完成配套荒山荒地造林和封山育林 3.1 亿亩。20 多年来，共有 4100 万农户、1.58 亿农牧民先后参与退耕还林还草并受益，取得了巨大成就。一是有效改善生态状况。工程区林草植被大幅度增加，年生态效益总价值量达 1.42 万亿元。二是助推脱贫攻坚。全国 812 个脱贫县实施了退耕还林还草，占脱贫县总数的 97.6%。第二轮退耕还林还草对建档立卡贫困户的覆盖率达 31.2%，促进 200 多万建档立卡贫困户、近千万贫困人口脱贫增收。[②] 第二轮退耕还林工程方案虽然充分尊重农民意愿，给了农户更大的自主权，但是政府提供的扶持配套政策仍然不够，退耕补贴也远远低于农业综合补贴。加之退耕后造林的收益率低、收益见效时间长，且造林存在自然灾害、经营管理等风险，导致部分农户碍于生计问题，抵触退耕还林工程的实施。对此，各地政府应根据实际情况适当扩大退耕优惠政策，确定的补偿标准应至少不能低于当地的农业综合补贴，以保护参与退耕农户的收益不因退耕还林而降低，进而提高农户参与退耕还林的积极性。

其次，退耕还林工程能否转变农户就业方式和推动农业绿色发展，对于工程的成败至关重要。从长期看，如果政府能够使农户退耕补贴期满后不再选择复垦，则参与该工程的农户必须转向收益率更高的其他行业，或者退耕耕地未来能够给农户带来长期稳定收益。退耕还林工程主要通过两条途径影响农民收入：一是以现金和粮食补贴的方式，弥补农户因退耕产生的损失；二是在退耕补贴之外，引导和帮助他们从事种植业以外的其他生产活动，以培养他们种植业以外的创收能力。自 1999 年退耕还林工程实施以来，第一轮退耕补贴已经临近到期，其经历了两个阶段，第二阶段调整了补贴标准和方

---

① 国家和林业草原局. 中国林业和草原统计年鉴（2021）[M]. 北京：中国林业出版社，2021.
② 王琪. 五部门联合发文巩固退耕还林还草成果 [J]. 国土绿化，2022 (11)：9.

式，农户直接受益的补贴较第一阶段明显降低。新一轮退耕还林补贴不分区域均为 1500 元/亩，退耕补助期则由 16 年减少为 5 年，退耕还林补贴明升实降。尽管退耕还林工程通过优化土地利用结构，推动了广种薄收的生产方式向精耕细作改进，适度促进了以粮为主的农业结构转变为多种方式经营，从而促进了农村产业结构调整，为实现农业可持续发展开辟了新途径。但近年来，由于物价上涨、其他财政补贴的不断增加，退耕还林补贴逐渐失去了优势。尤其是政府每年向农户发放农业综合补贴，新一轮退耕还林 5 年总共只有每亩 1600 元，其中还有 400 元为种苗造林费，只考虑了还林的成本，而忽视了参与退耕农户粮食收益和农业综合补助的损失。相比之下，退耕还林的效益下降，导致很多农户不愿参加退耕还林工程，只有一些偏远的不易耕种耕地才愿意退耕。

想要切实提高农民收入，推动农民收入的持续、稳定增长，必须推动农业绿色发展。这与退耕还林工程实施的改善生态环境最初目标相一致。《中共中央　国务院关于做好 2023 年全面推进乡村振兴重点工作的意见》于 2023 年 1 月 2 日发布。这是 21 世纪以来第 20 个指导"三农"工作的中央一号文件。文件中强调了必须坚持不懈把解决好"三农"问题作为全党工作重中之重，举全党全社会之力全面推进乡村振兴，加快农业农村现代化。而推动农业的绿色发展是解决好"三农"问题的关键因素，也是加快实现我国农业农村现代化的必要条件。推动我国绿色农业发展的前提之一是要充分发挥农民主体作用，巩固退耕还林成果，以及将如何激励农户参与退耕还林过程纳入政策设计中。因此，退耕还林工程能否转变农户就业方式和推动农业绿色发展，能否由此可持续地增加农户收入至关重要。

1.2　问题的提出

退耕还林政策作为影响生产要素组合和技术选择的一个变量，将使生产可能性曲线产生由内向外移动的趋势。因此，可以通过政策演变来实现技术进步的内生化。退耕还林政策演化改变了农户土地利用结构，要在剩余可利用的土地上获得有效产出，农户的生产要素投入结构、收入来源和生产技术均可能发生变化。其中导致生产要素间替代的重要原因就是技术变化。例如，农业机械化就是由于技术进步，从而导致资本代替了劳动力的结果。退耕还林工程的实施是否会导致农户资本、劳动力和土地要素之间替代？退耕还林工程对农户生产要素配置、生产效率和收入的影响机制如何？其中生产要素和生产效率是否存在传导作用？

退耕还林工程实施以来，社会经济环境（经济增长、城镇化水平、劳动生产率等）、政策环境（林改政策、农业税减免、农业税收优惠等）、农资价格以及农户资源禀赋、土地与劳动力流转市场已经发生了重要变化。进入新时代后，退耕还林工程更是以"涵养绿水青山，打造金山银山"的实践成果，被赋予了促进农村生态文明建设和乡村振兴的双重目标。但是，退耕还林政策经过多次演变、退耕还林补贴与之前相比不升反降，政策实施的表征绩效也是持续弱化。基于此背景，如何评判退耕还林工程的政策效果？本书提出如下需研究的问题：

（1）退耕还林工程是否促进了农户生产要素的优化配置？农户生产要素是如何在不同行业或不同产业间发生转移？

（2）退耕还林工程对农户劳动力转移有何影响？是否促进了农村劳动力的有效转移？

（3）退耕还林工程对农户生产效率的影响又是怎样的？对不同效率等分组的影响是否相同？对各项收入影响贡献率如何？是否促进了农户收入的增长？

（4）以上影响是否因退耕政策调整而存在时空差异？即是否在黄河流域和长江流域影响不同？是否随参与退耕年数变化而影响不同？

因此，本书以农户为研究对象，基于政策时空差异视角，利用大样本农户追踪实地调研数据，综合分析退耕还林工程对农户生产要素配置、生产效率和收入的影响，以及测度和分析退耕还林工程对农户收入变化的贡献率就显得尤为重要。

1.3 研究目标和研究意义

1.3.1 研究目标

本书的总体研究目标是，从退耕还林政策的时空差异视角入手，探索退耕还林工程对农户投入与产出的影响机制，从农户的生产要素投入、生产效率和其他影响三个方面实证考察退耕还林工程对农户收入的影响，可为研究退耕还林政策的调整优化与生态补偿标准问题提供理论基础和政策启示，为政府决策提供实证支持。本书的具体研究目标如下：

（1）实证考察退耕还林工程对农户生产要素配置的影响。退耕还林实施20多年以来，社会经济状况发生了翻天覆地的变化，城乡收入差距也有了较大变化，城镇化水平显著提高。在此背景下，拟在不同退耕地域和退耕时间，综合分析退耕还林工程对农户生产要素配置的影响差异，探究农户生产要素配置机理，为制定退耕还林后续政策提供现实依据和理论基础。

（2）实证考察退耕还林工程对农户生产效率的影响。即测算与分解农户的 Malmquist 指数；基于时空视角，综合分析退耕还林工程对农户生产效率的影响差异及对不同等分组农户生产效率方面的影响差异。

（3）实证考察退耕还林工程对农户收入及其结构的影响。即采用联立方程计量经济学模型，以生产要素和生产效率作为中介变量，测度与分析了退耕还林工程对农户收入及其结构的影响，以考察退耕还林工程实施后，农户收入及其结构的变化情况及受退耕还林工程的影响程度；利用联立得到的估计系数，分解得到退耕还林工程对农户各项收入贡献率；采用方差分析法考察退耕还林工程对农户收入贡献率是否在不同收入水平、不同耕地规模的农户之间存在显著性差异，以及退耕还林工程实施不同阶段工程是否对农户土地为基础收入和非农收入贡献率存在差异。

1.3.2　研究意义

退耕还林工程已经开展了20多年，其进展情况和实施效果如何，日益成为政府和学者关注的问题，并亟须获得解答。另外，对于一项政府公共政策而言，能及时正确地发现实施中存在问题有利于政策的进一步优化。所以，在新一轮退耕还林工程实施的背景下，总结和提炼退耕还林工程的政策演化历程、比较政策差异以及分析其产生的阶段性影响具有重要的理论和现实意义。

1.3.2.1　理论意义

本书拟弥补我国退耕还林工程影响农户收入已有研究的学术不足。其研究的理论意义在于：（1）进一步细化和明确退耕还林工程对农户生产要素配置、生产效率和收入的影响，弥补学界主要将生产要素投入作为退耕还林工程影响农户收入的传导介质的不足，将农户的生产要素投入变化所导致的生产效率变化也作为影响传导介质之一，构建退耕还林工程对农户生产要素投入、生产效率与收入影响的联合决策机制。（2）尝试改进现有研究退耕还林工程对农户生产要素配置及其收入影响的计量经济学分析方法，重视退耕还林工程实施过程中的政策差异与变化，如补助政策调整和区域差异，并将这些政策差异与变化体现至计量经济学模型中，深化退耕还林工程影响农户生计的研究领域。（3）充分考虑退耕还林工程对农户收入的总体影响与边际影响，以及农户异质性、资源禀赋等对退耕还林工程实施效果的影响，试图从不同影响路径估计退耕还林工程产生的影响，以更好地探究退耕还林工程的影响成因。

1.3.2.2　现实意义

退耕还林工程相较于其他区域性生态环境保护措施，具有财政资金投入规模大、覆盖面广等特征。退耕还林工程归根结底是政府干预了农户的部分土地使用决策权，取代了市场条件下的农户对土地资源配置决策权利，阻止了土地使用者将土地资源转化为更高私人收益的用途，目的是满足生态环境保护的需要。退耕还林工程对当地经济产生了深远影响。《中共中央 国务院关于做好 2023 年全面推进乡村振兴重点工作的意见》中明确提出了必须坚持不懈把解决好"三农"问题作为全党工作重中之重，举全党全社会之力全面推进乡村振兴，加快农业农村现代化，并且以增强脱贫地区和脱贫群众的内生发展动力来巩固脱贫攻坚成果的要求。在此背景下，深入研究退耕还林工程与生产要素配置、生产效率和收入之间相互作用和相互依赖关系，对提高农户的收入和生产效率具有深远的现实意义。其一，可以为一般农户的生产要素配置行为提供指导及为相关政策制定提供建议，尤其是在新形势下，为增加农户收入和巩固提升农村脱贫攻坚成果、经济可持续发展等问题提供政策参考。其二，可为完善退耕还林工程后续政策以及其他类似生态恢复项目的实施、完善和持续发展提供实证支撑。

1.4 研究内容、研究方法、数据来源

1.4.1 研究内容

本书的研究内容主要包括 8 章。

第 1 章，导论。主要梳理了结构和框架，包括研究背景、问题提出、研究目标和研究意义、主要内容及研究思路，以及技术路线图，说明了研究数据来源及方法。

第 2 章，国内外研究与述评。通过查阅国内外相关文献，对退耕还林工程对农户生产要素配置行为、生产效率和农户增收及消除贫困影响等相关研究进行整理和评论。

第 3 章，退耕还林相关概念界定及理论基础。主要对退耕还林工程、农户和退耕农户、生产要素、生产要素配置及其配置行为、生产效率和农户收入及其结构进行界定，结合劳动力转移理论、要素配置效率理论、外部性理

论和公共产品理论，对退耕还林工程对农户生产要素配置行为、生产效率提高和收入及结构变化的影响进行理论分析，并在此基础上构建相关理论模型，为下文的研究提供实证支撑。

第 4 章，研究区域退耕还林及生产要素配置和收入概况。本书选取 4 省 8 县作为样本省县，分别是四川省的南部县和马边县、江西省的修水县和兴国县、河北省的张北县和平泉县、陕西省的镇安县和延长县。这 8 个案例县均实施了退耕还林工程，且分布区域能够体现退耕还林工程在长江流域和黄河流域补助标准差异。本章介绍了样本省县退耕还林概况和样本农户收入及生产要素配置概况，其数据主要来源于《林业统计年鉴》《林业发展报告》《退耕还林工程社会经济效益监测报告》《中国国民经济和社会发展统计公报》，以及样本省（县）统计年鉴和"林业重点工程与消除贫困问题研究"项目农户数据库相关数据。因此，案例县的相关数据具有较高全国代表性，有利于反映退耕还林工程概况和深入探究退耕还林工程对农户生产要素配置和收入的影响。

第 5 章，退耕还林工程对农户生产要素配置的影响分析。具体内容包括以下 3 个部分：（1）退耕还林工程对样本农户土地要素配置行为影响分析。（2）退耕还林工程对样本农户劳动力要素配置的影响分析，即基于劳动力转移理论，构建样本农户林业、种植业、畜牧渔业的劳动力，以土地为基础劳动力和非农劳动力配置行为决策模型。（3）退耕还林工程对样本农户资本要素配置的影响分析，即对样本农户林业、种植业、畜牧渔业和以土地为基础资本要素配置行为影响的时空差异进行实证分析。

第 6 章，退耕还林工程对农户生产效率的影响分析。即基于 DEA - Malmquist 指数模型对样本农户生产效率及其分解结果的测算与分析，以及基于 Tobit 模型对退耕还林工程对样本农户生产效率及其分解结果影响的分析。

第 7 章，退耕还林工程对农户收入及其结构的影响分析。利用联立方程模型估计了退耕还林工程对样本农户收入基于生产投入、生产效率和其他方面的各自及综合影响情况，并据此测算了退耕还林工程对样本农户总收入和种植业收入的贡献率，阐述了对不同收入层次、不同耕地规模的样本农户总收入、种植业收入的贡献率显著差异与对退耕还林工程实施不同阶段的样本农户土地为基础收入和非农收入的贡献率显著差异，以及比较分析了考虑效率和不考虑效率退耕还林工程对样本农户种植业收入和总收入影响的显著差异。

第8章，主要结论与建议。主要对本书的结论进行总结，并得出相应的政策建议。

1.4.2 研究方法

本书采用以理论分析为基础，统计分析与计量分析为主体的实证研究方法。

1.4.2.1 调查问卷法

调查问卷分为6个部分，包括县级问卷、乡镇调查表、村级问卷及调查表、农户问卷及调查表。为了对农户的基本生产、生活状况有更深入的了解，对退耕还林工程对农户生产、生活和环境的影响有更直观的感受，以及对农户对退耕还林工程的了解、参与及评价等信息能直接的获取，将调查问卷的设计分为定性问卷和定量问卷。定量问卷内容主要包括农户家庭的组成状况、生活状况、生产性投入及收入与消费状况（见表1-2）。在实地调研开展之前，首先专家组向参与调研人员进行了相关的培训，解释了问卷中的相关指标，讨论了调研过程中预先可能会出现的问题，然后采用"一对一访谈"形式入村对样本农户展开调研，以防止因调研人员主观上的理解偏差造成数据失真，从而保证了调查问卷的真实客观。

表1-2 定量调查问卷的主要内容

分类	内容
家庭组成状况	户主及家庭成员的基本状况及受教育程度
家庭生活状况	住房、饮水及生活状况
生产性投入状况	生产性支出，如种子、化肥等及各项劳动力的投入
收入状况	各种收入来源及其构成
生活消费状况	衣食住行及人情往来等生活性消费

本书以河北、陕西、四川和江西 4 个省份为研究区域，选用 1995～2014 年 559 个农户作为研究样本，调查分为县、村、户三级，其中通过统计资料搜集、填报的方式进行县级调查；通过入村入户，问卷调查的方式进行村、户级调查。在入户调查之前，为了了解退耕还林后农户生产要素配置和收入情况，与样本县林业局、林业站和主要村干部进行了访谈，搜集相关资料。采用 Foxpro 工具录入问卷调查数据，应用 Stata 14 软件分析处理数据。为了加强研究的规范性，本书根据农村消费价格指数将全部关于收入的数据都已折算为 1994 年不变价。

1.4.2.2 文献资料法

为了全面了解及深入分析选题研究基础，本书较为系统地整理了农户生产要素配置行为、生产效率、收入、退耕还林等领域的学术论文和学位论文等科研成果，对相关概念和理论有了较全面、深刻的认识，为本书提供了研究思路和方法，也为本书奠定了研究基础。对于中文文献的搜集，主要利用"中文学术期刊全文数据库""万方中国学位论文全文数据库""维普中文科技期刊全文数据库"等网站，以"农户行为""农户生产行为""退耕还林工程""退耕还林工程与农户生产要素配置""农户收入""农户生产效率"等为主题词进行检索，共查阅相关文献上千篇，并进行深入研读，每一篇都为本书的完成提供了启迪，经过筛选，最终参考了百余篇论文。对于外文文献的搜集，主要利用国家图书馆外文文献资料室、Web of Science 数据库、百度学术网站等途径，共计获得百余篇相关文献。通过研读相关文献，较为全面地了解了退耕还林工程、农户生产要素配置、农户生产效率和农户收入等的国内外研究现状，为本书的撰写奠定了坚实基础。

1.4.2.3 统计分析法

结合 Stata 14、Deap 2.1 等软件，本书应用描述性统计和计量模型分析了相关数据和资料。

（1）描述性统计分析。分析我国退耕还林政策制定的国内外背景，了解退耕还林政策实施的生态目标和社会经济目标，描述性统计分析退耕地造林面积和投资变化等情况，梳理退耕还林政策实施的不同阶段。通过对退耕还林政策对农户生产要素和收入影响等问题描述性统计分析，对样本农户生产要素配置和收入变化情况进行总结，为后续生产要素投入、效率和收入影响的实证研究奠定了基础。

（2）计量模型分析。本书计量模型分析方法是通过采用双重差分法对20年农村住户追踪调查平衡面板数据进行分析。双重差分估计主要是利用一个外生的公共政策所带来的横向单位和时间序列的双重差异来识别公共政策的"处理效应"。首先，经过豪斯曼（Hausman）检验（$P = 0.0000$）判断，选择运用随机效应或固定效应模型分析退耕还林工程对农户的土地、劳动力、资本配置和收入的影响。其次，运用聚类稳健标准误组内估计，进而解决样本之间可能存在的相关性或一致性。最后，在模型中加入年度虚拟变量以排除政策和市场的影响。

利用 DEA - Malmquist 指数法以更准确地测度农户生产效率。三阶段 DEA 数据包络分析是一种求解效率的非参数方法。由于传统 DEA 法在测度农户生产效率时，未考虑环境变量和随机误差对评价结果的影响。为了使研究结果更加客观、真实，因此，采用三阶段 DEA 处理方法对退耕农户生产效率进行分析优于传统 DEA 方法。第一阶段采取 Deap 2.1 软件利用传统 DEA - BBC 模型分析样本农户生产效率的技术效率和规模效率状况；基于不同的研究视角，BBC 模型又分为投入导向型和产出导向型。从样本农户生产角度来说，是依据生产要素投入来测算生产效率，基于此，选择投入导向 DEA 规模，可变 DEA - BCC 模型实施研究。由于传统 DEA 方法将环境变量和随机误差影响纳入管理无效率，从而影响了决策单元效率的真实性。基于此，在第二阶段，引入 SFA 模型以剔除环境因素和随机误差因素，提高 DEA 的估计信度，从而得出的决策单元投入冗余仅由管理无效率造成导致。也就是将第一阶段得到的松弛变量作为被解释变量，将相关环境变量作为解释变量，利用 Frontier 4.1 软件回归分析，之后测量出的效率值单纯反映样本农户生产效率。第三阶段，对投入指标进行调整，依旧采取 Deap 2.1 软件对 DEA – BCC 进行测算分析。将剔除外部环境因素影响之后的样本农户生产要素配置的纯技术效率（横轴）和规模效率（纵轴）进行分析，考察的样本农户生产效率更客观真实。DEA – BCC 模型与 SFA 模型是三阶段 DEA 模型的核心内容，将参数法与非参数法结合以发挥各自优势，从而在进行效率分析时受到众多学者的青睐，但三阶段 DEA 模型与参数法及非参数法同样存在只能静态分析效率的局限性。而 DEA – Malmquist 指数法则可以克服上述局限性，以时间为轴，测算样本农户的全要素生产率及其分解指标的变动，从而更为具体分析对生产效率的各影响因素，以弥补三阶段 DEA 模型分析法的不足，从而对样本农户生产效率及其变动情况实施动态分析，以及更全面地探究动态变化的影响因素。

采用联立方程计量经济学模型和基于回归方程结果的贡献度测分法。采用联立方程计量经济学模型，以生产要素、生产效率作为传导介质，分析退耕还林工程对样本农户收入及其结构影响。在此基础上，采用基于回归方程结果的贡献度测分法对收入变化进行分解，从而对退耕还林工程对样本农户不同收入来源及不同耕地规模农户收入的贡献率进行测分。退耕还林工程影响了样本农户生产要素投入量的多寡、技术结构和效率，样本农户为了实现收益的最大化，必然调整生产要素配置以提高配置效率，从而改变样本农户的收入及其结构。因此，对退耕还林工程对样本农户收入影响进行研究，必须基于退耕还林工程对样本农户生产要素投入和生产效率的影响路径，以期能准确地测度和分析退耕还林工程对样本农户收入及其结构的影响和贡献率。

1.4.3　数据来源

本书研究数据包括宏观统计数据与微观农户调研数据。宏观数据来源于《林业统计年鉴》《林业发展报告》《退耕还林工程社会经济效益监测报告》《中国国民经济和社会发展统计公报》和样本省（县）统计年鉴。这些数据主要是用于概括研究区域退耕还林及样本农户生产要素配置和收入状况。而微观农户的调研数据来源于亚洲开发银行、财政部及国家林业和草原局资助的"林业重点工程与消除贫困问题研究"项目建立的样本农户数据库。笔者2018 年 7 月参与了本课题组的农村入户问卷调查和关键农户、村镇干部等信息人访谈，获得了本书撰写所需要的一手数据资料。本书一手农户数据资料选取了四川的马边县和南部县，江西的兴国县和修水县，河北的张北县和平泉县，① 陕西的延长县和镇安县 8 个样本县。采取分层抽样和随机抽样的方式，我们抽取样本县和样本乡镇，并从样本乡镇的农户户籍名册中随机抽取样本农户。另外，为了研究农户微观经济在退耕还林工程实施前后发生的变化，调研组设计了详尽的调查表，对参与调研的人员进行系统培训。2005 年进行了首次调研，我们要求受访者回忆 1995 ~ 2004 年的生产活动和其他相关信息。为了有助于他们更准确回忆生产和消费活动，我们尽量访谈更多的家庭成员，并利用从村干部、其他知情人、统计数据，以及县、乡、村案例研究中获得的信息对调查数据进行反复交叉核对，以尽可能保证回忆数据质量。同时，研究需要使用平衡面板数据，需要根据变量间的逻辑关系判定数据是否存在奇异值，并剔除带有明显奇异值以及未连续 6 次参加调研的样本农户，以确保样本农户数据的质量。最终，建立了涵盖四川、江西、河北、陕西 4 省份的南部、马边、修水、兴国、平泉、张北、镇安和延长 8 个县的 559 个样本农户连续 20 年（1995 ~ 2014 年）的共计 11180 个平衡面板数据库（见表 1 - 3）。

表 1 - 3 调查点和样本数据分布情况

省份	县	乡镇数（个）	行政村数（个）	农户数（户）	时间跨度
四川	南部	6	18	70	1995 ~ 2014 年
	马边	6	18	70	1995 ~ 2014 年
江西	修水	6	18	70	1995 ~ 2014 年
	兴国	6	18	70	1995 ~ 2014 年

① 2017 年 4 月 10 日，经国务院批准，同意撤销平泉县，设立县级平泉市。而本书相关数据开始于 1995 年，所以本书使用"平泉县"称谓。

续表

省份	县	乡镇数（个）	行政村数（个）	农户数（户）	时间跨度
河北	平泉	6	18	70	1995～2014 年
	张北	3	9	70	1995～2014 年
陕西	镇安	6	18	70	1995～2014 年
	延长	6	18	69	1995～2014 年
总计	8 县	45	135	559	1995～2014 年

本书选取的 8 个案例县分布于我国的不同区域，且均于 1999～2008 年逐步启动了退耕还林工程。同时，所选案例县分布在长江与黄河流域，能够体现退耕还林工程补助的标准差异。此外，即使在同一个样本县，参与和不参与退耕还林工程农户都同时存在，且退耕农户的参与时间也有所差异。我们认为，本书采用的数据有较高全国代表性，且对退耕还林工程对农户生产要素配置、生产效率和收入产生的时空影响效果能够准确估计。

本书的农户数据库信息包括农户特征、家庭资产、生产、收入和参与退耕还林工程情况等。就农户要素配置和农户收入数据而言，农户要素配置数据包含了农户种子/幼畜费用、肥料费用、农药费用和雇工费用等（分农林牧渔业）。农户收入除退耕现金补助数据以外，数据库还包含了退耕还经济林收入、间作收入的木材收入和非农收入等；农户现金收入状况调查表里，又分林种和林产品、农产品等，包含了林业收入、种植业收入、畜牧业收入和非农收入等。这为本书在微观层面分析农户生产要素配置和农户收入问题提供了充分的数据保障。

1.5　研究的技术路线

根据本书的研究内容及所选择的研究方法，形成的研究技术路线如图 1-1 所示。

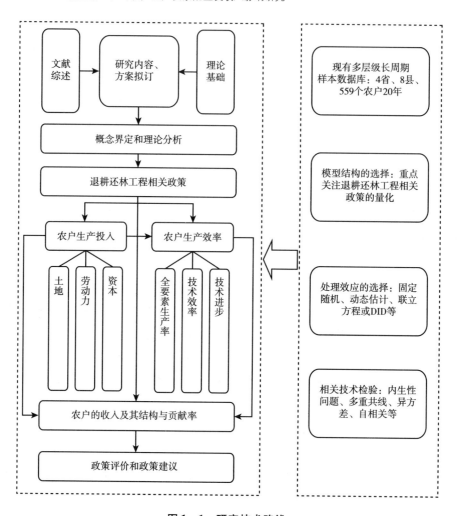

图 1-1 研究技术路线

第2章 国内外研究与述评

2.1 国内外研究动态

退耕还林工程的实施直接改变了农户的土地利用模式，土地利用的改变也会导致农户的劳动力、资本等生产要素配置发生改变，进而使农户生产效率、农户收入发生变化，最终反映在农户生计（生产绩效）上。退耕农户作为退耕还林的利益主体，学者从不同视角分别对其进行了研究。其主要研究结果如下：（1）在农户利益层面，诸多学者基于经济、环保、政策等角度，对退耕还林工程对农户的劳动力流动、非农就业、生产效率、农民增收、产业结构等方面影响进行了研究。（2）在农户利益产生的问题方面，主要对农户的退耕还林意愿、政策响应行为、消除贫困等问题进行了研究。回顾国内外现有文献发现，对于退耕还林工程对农户生产要素（土地、劳动力、资本）配置行为、农户生产效率以及农户收入影响因素等相关问题的研究成果颇丰。国内外学者大量的研究成果在经济学理论、研究方法和研究工具等方面为本书提供了较好的研究基础。

2.1.1 退耕还林工程对农户生产要素配置的影响研究

现有研究认为农户生产要素配置改变是退耕还林工程的实施结果，而缺乏其产生原因的实证研究。其实，在未参与退耕还林地区，劳动力在不同产业之间转移、土地利用变化等情况同样存在，而退耕还林工程的实施究竟是不是直接导致样本农户生产要素配置发生变化的原因，它与这些变化之间究竟存在什么内在关系，尚有待进一步研究。诸多学者对退耕还林工程对农户土地利用变化进行了一定研究。部分学者以县域退耕地为研究对象，发现农户土地利用状况在退耕还林工程的推动下发生了显著变化。钟太洋等（2006）根据江西丰城农户调查资料建立了退耕还林政策与农户土地利用变化的计量模型，认为退耕收益补偿对比值对土地利用变化有显著影响，土地资源丰度、农户择业行为对土地利用变化强度影响较大，而土地产权的安排对土地利用变化强度影响不大。何明骏等（2008）根据对吴起县的实证分析，认为退耕还林政策的实施提高了农业土地经营的集约化与产业化程度。郗静等（2009）也认为农户对退耕还林政策的态度与其具体的行为选择存在群体的一致性和个体的差异性，政府制定的相关惠农政策对于巩固退耕还林成果十分重要。刘璨等（Liu et al.，2010；2014a）关注到实施退耕还林工程改变了土地利用模式，从而促使农户优化其生产要素配置。折小龙（2012）的研究表明退耕还林政策的实施促进了农户土地利用结构的优化。陈海等（2013）以陕西省米脂县高渠乡为例，利用构建的农户群体土地利用决策模型，认为退耕还林政策对农户土地利用行为存在很大的影响，异质农户决策导致了土地利用格局的不同，为农户合理利用土地提供了理论指导。另外，詹和平、张林秀（2009）研究发现，有家庭成员在机关事业单位上班或家庭存在自营工商的情况，不利于农户家庭的土地流转。周春芳（2012）、詹和平和张林秀（2009）的实证研究证明户主年龄的不同也可能会对其家庭的土地流转决策造成影响。

部分学者对退耕还林工程对劳动力转移问题进行了诸多研究。胡霞（2005）、杨时民（2006）研究发现退耕还林工程主要带动了农业劳动力向第二、第三产业转移，拓宽了农民收入来源渠道，而且推动了经济结构由以农业产业为主向以非农产业为主转型。江丽等（2011）研究表明华池县退耕还林工程的实施带动了林草业的发展，促进了农村剩余劳动力向第二、第三产业转移。查小春等（2010）、江丽等（2011）以不同案例县为例研究表明退耕还林工程推动了农村劳动力内部结构调整，促进了农村剩余劳动力向第二、第三产业转移。但在这个转型中存在以下问题：一是在短期内剩余劳动力的转移能力非常有限；二是从第一产业转移出去的劳动力大多是从事简单劳动，新就业岗位缺乏稳定性。这些可能与实施退耕还林区域农户的收入水平较低、土地贫瘠、信贷市场缺乏等抑制因素有关，以及劳动力转移程度受诸多因素影响，比如受教育程度、就业机会增加等（刘宗飞等，2019）。与之相反的观点认为，退耕还林工程实现农业生产结构和农户收入结构转换的目标尚未实现，退耕还林工程试图通过改变用地模式以推动生产结构转化的相关配套措施也相当缺乏。还有部分学者通过研究发现退耕还林工程对农户生产要素配置及收入水平的影响甚微，韩洪云和史中美（2010）通过研究发现退耕还林工程并没有进一步优化产业结构和就业结构。李树苗等（2010）认为退耕还林工程实施对实现农业劳动力向非农转移作用较小；韩洪云等（2010）认为退耕还林工程对调整农户就业结构和产业结构作用较小，一旦政府停止退耕补贴，退耕农户很可能因收入单一而选择复耕。陈林等（2013）选取志丹县6 镇 5 乡 1207 个农户样本，根据时间特征对退耕农户劳动力的流动类型进行分类，提出后退耕还林时代应根据劳动力参与流动的不同类型制定促进当地城镇化进程的相关政策。邢祥娟（2014）认为退耕农民的工资性收入所占比例呈逐年稳定上升的势头，说明退耕还林工程减少了耕地面积，释放了劳动力，但政策的实施仅为农村剩余劳动力的转移提供了可能性。

四川省社会科学院退耕还林课题组（2004）对四川省天全县 225 户样本农户的调查研究显示，对比 1999 年与 2000 年样本农户退耕地块的资本投入（如种子、农药、化肥等）变化，有 99% 的样本农户反映参与退耕还林后生产资本投入大幅度下降。但基于农户生产行为视角发现，节约的生产资本也未投入到样本农户剩余耕地上。支玲等（2004）对云南省会泽县和贵州省清镇市退耕农户的生产行为方式进行了调查分析，发现 73.4% 的样本农户退耕后单产量没有提高，究其原因是退耕农户认为耕地潜力已挖尽，从而缺乏对剩余耕地追加生产费用投入的积极性。其中认为土质差无须增加投入的样本农户占比 23%，认为增加投资对提高单产无用的样本农户占比 50%，缺乏投入能力的样本农户占比27%。王秀红、谢国勋（2011）研究发现，耕地数量与化肥和农膜投资总量呈反方向变动，而与农药投入变动方向一致，但随着耕地面积的减少，农资投入量呈波动上升；耕地分布重点的偏移方向大致与农资投入量分布重点的移动方向相反；2003年，样本区域退耕幅度最大，劣质耕地转为其他类型用地，但农资投入增加所带来的面源污染问题在优质土地上将表现得更为突出。

尽管诸多学者通过大量研究分析了退耕还林工程对农户生产要素配置产生的影响，但研究结果主要集中为以下两点：一是有学者研究发现退耕还林工程通过影响土地利用模式变化而改变生产要素配置，进而发生了农户收入变化和产业结构优化；二是有学者研究发现退耕还林工程虽然改变了一些生产要素配置，但效果并不理想，且没有实现农户产业和就业结构的调整目标。出现观点分歧的原因是多方面的，但学者对退耕还林工程对农户生产要素配置影响的研究多是基于静态角度，而基于退耕还林政策时空变化视角对农户生产要素配置的动态研究尚未开展。

2.1.2 退耕还林工程对农户生产效率的影响研究

随着退耕还林工程的发展与成熟，2000年以来众多学者通过实证研究分析了退耕还林工程实施对生产效率的影响，从理论上看，参与退耕农户种植业收入的高低不只取决于投入的多少，更重要的是耕地的生产效率。退耕还林工程的实施对退耕区农业生产效率的影响主要是因为退耕后农业经济结构的调整导致土地、人力资本、物质资本的再配置，进而对粮食产出造成影响。然而，回顾现有的相关研究文献，以农户技术效率为切入点，仍然需要对退耕还林政策的评估进行更深入的研究。尽管如此，仍有部分学者在此方面进行了相关研究。农户调整生产要素配置可能会改变原有的生产效率。部分学者通过研究发现退耕还林工程实施之后，农户的生产效率显著提高。[①] 一方面

---

① 王博文，姚顺波，李桦，等. 黄土高原退耕还林前后农户农业生产DEA分析——以退耕还林示范县吴起县为例 [J]. 华南农业大学学报（社会科学版），2009（2）：51 – 57.

的原因是农户将种植业上的生产要素投入其他生产效率更高的产业；另一方面的原因是退耕还林通过对农业资源的重新分配与有效利用，减少了过剩农产品的生产，提高了农业产业效率。于金娜等（2009）、李桦等（2011）考察了退耕后农户农业生产效率的变化，发现农户的总体生产效率变化不大，但退耕后规模效率下降，纯技术效率却明显地提高了。张梦雅等（2014）对2011 年四川省雅安市退耕农户商品林生产效率的分析表明，环境变量和随机误差因素对退耕还商品林的生产效率存在显著影响。王宇等（2014）研究了陕西省吴起县不同退耕规模农户技术效率及其影响因素，结果表明退耕面积对农户农业生产技术效率有正向影响。臧良震等（2011）、于金娜（2009）分别采用 DEA 测算了重庆天保工程区农户的林业生产技术效率和吴起县农户退耕前后的农业生产效率，研究发现工程对提高样本农户林业生产技术效率与农业生产效率有影响。被调查区域水稻生产技术效率与农户经营规模呈正向变动趋势；经营规模扩大对农户生产技术效率有显著正向影响。[①] 刘燕等（2019）采用 6 期实地跟踪调查的农户数据，测算了样本县退耕农户农业生产效率和实证分析了影响因素，研究结果表明退耕规模显著提高了农户农业生产效率。而部分学者的观点与之不同，认为退耕还林前后农户的种植业生产效率变化不显著（于金娜等，2009），或退耕还林还草初期提高了农户的种植业生产效率，近年却呈降低态势（王博文等，2009），原因主要是农户认为土地潜力已挖尽，缺乏对土地增加投入的积极性（支玲，2004）。

可见，学者们对退耕还林工程对农户生产效率的影响研究主要持两种观点，绝大多数学者认为退耕还林工程导致退耕区农户规模效率下降，纯技术效率显著提高；少数学者则认为退耕还林工程未改变退耕区农户生产效率。当前退耕还林工程与生产效率关系的研究大多基于微观农户视角及特定区域

[①] 沈雪，张俊飚，张露，等. 基于农户经营规模的水稻生产技术效率测度及影响因素分析——来自湖北省的调查数据 [J]. 农业现代化研究，2017，38（6）：995 – 1001；刘天军，蔡起华. 不同经营规模农户的生产技术效率分析——基于陕西省猕猴桃生产基地县 210 户农户的数据 [J]. 中国农村经济，2013（3）：37 – 46.

的研究样本，导致对退耕还林工程对生产效率影响的测算缺乏普适性。本书试图利用农村住户追踪 20 年调研数据，以实证检验退耕还林工程对黄河流域和长江流域农户生产效率影响差异。

2.1.3 退耕还林工程对农户增收和消除贫困影响研究

退耕还林工程实施导致农户收入及其结构发生变化，而农户收入变化反则又影响其生产要素配置。一般而言，产出受到生产投入的影响，当价格不变时，产出作为一个重要因素决定收入。已有不少学者运用不同方法和不同实证案例研究退耕还林政策与农户收入之间的关系。部分学者积极肯定了退耕还林工程的增收效果，支玲（2004）、赵丽娟（2006）、段伟（2018）认为退耕农户的收入明显提高。王欠、方一平（2013）认为川西地区退耕还林政策与农民收入之间存在较强关联，阿坝州、甘孜州较凉山州而言，农民收入与退耕还林政策的关联度整体水平略高。邢祥娟（2014）认为退耕还林工程对农户总收入的影响是正的，但不同来源收入对收入增长贡献有差异。朱长宁等（2014）基于陕南地区 291 个农户的调研数据，认为退耕还林工程的持续推进及相关配套措施的实施，在增加农民收入、改善农民生计以及促进非农就业方面发挥了积极作用。陈思焜（2015）认为农户是否参与退耕还林工程、农户参与退耕还林工程时间越长及退耕地造林面积越大，农民收入则越多。丁屹红等（2017）根据全国 6 个省 15 个县 1995～1998 年、2008～2012 年的农户面板调查数据，采用双重差分模型（DID）比较分析了退耕还林工程对黄河与长江流域农户福祉的影响，认为工程使两流域农户收入等福祉有所提升，其中，黄河流域的提升幅度大于长江流域。王庶等（2017）认为农户退耕还林后，包括退耕补贴在内的农民收入与退耕还林前相比有所增长，但若不计退耕补贴，农户增收效果暂不明显。还有研究采用描述性统计方法，分析了退耕前后农户农作物农用物资投入和结构的变化，指出退耕后农户的化肥、地膜、农用机械和种子的投用量都在增加，表明退耕还林有助于农业现代化和农户收入提高（何明骏等，2008；李烨等，2006）。支玲（2004）、胡霞（2005）、刘璨等（2006）、尹润生等（Yin et al. , 2010）、刘璨等（Liu et al. , 2010）、刘浩等（2012）研究发现退耕还林工程实施对样本农户收入产生了积极增长作用；林颖（2013）、刘浩（2021）认为退耕还林工程对农户收入的间接影响程度大于直接影响程度。而部分学者持有不同意见，认为退耕还林工程没有增加农户收入和优化农业产业结构，并未实现预期目标（徐晋涛等，2004；Uchida et al. , 2005；Wang et al. , 2012）；朱山涛（2005）等认为退耕还林工程在短期内不能完成农村产业结构的调整，农户的收入结构也不能保持相对稳定，进而导致农户无法实现收入的稳定增长。徐晋涛等（2004）通过采用 DID（difference-in-differences）方法，认为 1999～2003 年退耕还林不同地区农户的收入影响尽管有区别，但总体上对农户收入没有显著的影响。易福金等（2006）研究发现，由于退耕还林工程增加了外出务工人员的劳动时间，进而导致非农收入显著提高，但是工程并未显著提高农民收入；杨小军等（2009）认为退耕还林工程明显降低了农民的种植业收入；韩洪云等（2010）认为陕西眉县的非退耕农户总收入高于退耕户，主要是因为虽然退耕农户的畜牧业收入有所增加，但非退耕农户种植业收入与非农收入更高，且由于退耕农户获得退耕还林补贴没有及时到账，因此总收入较低。宋元媛等（2013）研究发现尽管退耕还林有利于提高农户的工资和经营性收入水平，但由于退耕还林抑制了种植业收入的增加，因此总体来看退耕还林对农户总收入表现为负向影响。也有研究认为，尽管参加退耕还林农户的收入在名义上是增加的，如果剔除退耕还林工程补助的影响，则农户总收入会因为种植业收入显著减少而损失显著。[①] 甚至何家理等（2012）认为退耕还林工程实施中存在生态效益外显与经济效益内隐的状况，认为短时期退耕还林工程有效遏制了水土流失和改善了生态环境，但降低了农户经济利益。总之，诸多学者研究了退耕还林工程对农户收入的影响，而基于生产要素配置优化和生产效率提高视角，对退耕还林工程对农户收入的影响

---

① 谢旭轩，马训舟，张世秋. 应用匹配倍差法评估退耕还林政策对农户收入的影响［J］. 北京大学学报（自然科学版），2011（4）：759－767.

研究尚待深入。

随着国家精准扶贫工作的深入开展，2020 年减少了近 1 亿农村贫困人口，贫困发生率也大幅降低，由 2012 年的 10.2% 下降到 2019 年的 0.6%，减贫成就举世瞩目。[①] 新一轮退耕还林工程的启动，进一步推进了退耕还林工程社会经济目标和精准扶贫工作的结合，有利于深入推进农民减贫脱贫。消除贫困是指提高低收入农户家庭的可支配收入水平，使其超过贫困线。陈健生（2006）指出退耕还林减贫一方面通过耕地与林地之间用途多样性与替代来满足贫困农民的生活需求，同时政府补助对缓解在补偿期的山区农民贫困有直接的效用。刘宗飞（2013）研究发现吴起县农户相对贫困的动态演化呈现先少后增加的"U"型变化趋势，相对贫困的广度、强度和深度也都呈现类似变化。王立安等（2013）认为退耕还林工程对农户缓解贫困有一定的作用，其中绝对贫困人口人均纯收入和生计综合能力均显著增加。杨均华（2019）指出退耕还林工程贫困瞄准效率较低，瞄准率为 44% 和有效覆盖率为 8%，工程显著地降低了农户贫困发生概率，脱贫效果明显，但存在显著的脱贫年份和区域差异。

2.1.4 国外生态恢复项目对农户生产要素投入及收入的影响研究

一些国家和地区在世界范围内，实施了与我国退耕还林工程类似的林业生态恢复项目。研究发现哥斯达黎加的环境服务支付项目（payments for environmental services，PES）[②] 和加拿大的永久覆盖计划（permanent cover program，PCP）[③] 对当地居民生计产生了显著影响。学界对美国土地休耕计划（conservation reserve program，CRP）进行了诸多研究。对参加 CRP 的土地，美国政府在土地租金、成本分摊、技术援助等方面提供补贴与支持，并通过

① 国家统计局. 党的十八大以来经济社会发展成就系列报告之二十 [R]. 2022.

② Zbinden, Simon, David R. Lee. Paying for Environmental Services: An Analysis of Participation in Costa Rica's PSA Program [J]. World Development, 2005 (33): 255 – 272.

③ Mcmaster D. G., Davis S. K. An Evaluation of Canada's Permanent Cover Program: Habitat for Grassland Birds [J]. Journal of Field Ornithology, 2001, 72 (2): 195 – 210.

竞价来确定其补贴标准。一旦通过了参加 CRP 的申请，土地租金补贴将会在合同有效期内发放给土地所有者。马丁等（Martin et al.，1988）研究发现，由于参加 CRP 会对农户的农业生产要素投入造成负面影响，因此，参加 CRP 很可能会影响到相对自给自足的农村。参与 CRP 会使农户的土地和劳动力等生产要素投入发生变化，从而导致他们的收入变化。萨利文等（Sullivan et al.，2004）研究表明，CRP 租金补贴对于净收入较低的家庭的持久收入影响更大。张宏浩等（Chang et al.，2008）基于美国农户调查数据，对 CRP 参与情况对农户经济福利的影响进行了研究，结果表明参与 CRP 对不同收入阶层的农户影响不同，参与 CRP 增加了低收入农户收入和储蓄的同时，降低了中高收入农户消费和收入水平，但对于储蓄水平却有所提高。尽管国外生态恢复项目的实施早于我国，曾是本书借鉴对象。但随着近年退耕还林工程以及其他六大生态工程的不断实施与推进，学界对我国生态工程对农户各方面的影响研究已日益深入和完善。

2.1.5　退耕还林工程相关定性和定量研究方法

描述性统计分析方法是对数据进行统计与对比分析，以利用比例、图表等方法为主。学者通过描述性统计分析方法，非常直观地发现农户收入、退耕意愿等在退耕前后的变化。如朱山涛（2005）等在研究时运用此方法发现，当地自然经济条件和农户自身的资本积累是影响农户能否获得可持续收入的重要因素。如樊胜岳（2009）等学者在分析农户经济行为时，在构建了以农户为基础的退耕政策绩效评价指标体系的基础上，采用层次分析法对其进行评价，研究结果表明工程区退耕还林政策的实施取得了优良绩效。林德荣（2010）等基于机会成本的视角，通过建立政府和农户的博弈模型，认为影响退耕农户毁林复耕的因素主要是退耕地复耕后净收益和农户转移劳动力的机会成本。为从农户手中获取退耕区的一手资料，更全面了解退耕还林工程的实时状况以及农户的基本情况，学者多选择参与式调查方式，如田青（2015）等为了研究生态修复政策对甘肃当地居民生计及社会经济的影响，运用了参与式农村评估法。

但描述性统计分析方法对退耕还林工程对农户影响程度和影响机制研究存在局限性。随着计量经济学和统计软件在林业经济研究广泛应用，学界对退耕还林工程研究方法的选择日益专业，研究结论更具客观和科学性。早期研究以理论性研究为主，后逐渐结合实证定量研究，在统计学和计量经济学方法方面取得进一步发展。实证研究方法是更为科学和可信地评价退耕还林工程的方法保证，因此，在以后的研究中要以问题的量化为重点。例如，柯水发（2008）等在研究农户参与退耕还林工程的决策机理时，利用了二元 Logistic 回归分析方法；李桦（2006）等在研究影响农户巩固退耕还林成果的因素时，选择了多元 Logistic 模型进行分析。如田国英（2007）等基于倍差法，对非退耕户与退耕户两期收入差的均值进行了计算，发现在促进农民增收方面，退耕政策并没有发挥较大作用。郭轲（2016）等在研究影响农户复耕的因素时，利用了 Logistic 和 Probit 实证模型。姚顺波等（2008）运用基尼系数和洛伦兹曲线，测算了吴起县退耕前后的农业生产结构合理化指数，结果发现提高了退耕后其合理化指数结构，但退耕前后劳动力合理化指数都偏低。马奔等（2016）基于倾向得分匹配法，对生态旅游对自然保护区的农户家庭收入影响进行了对比研究。王庶等（2017）借鉴随机试验的思想，首先对退耕户和非退耕户样本进行倾向得分匹配，以保证退耕户和非退耕户之间的同质性和长期趋势一致性假定的成立，再将匹配后的样本农户进行双重差分，从而在剔除其他共时性干扰因素的前提下，比较农户退耕前后的收入差异。

但已有研究运用的定量分析方法，特别在变量选择和模型选择上尚有值得改进地方。首先，部分研究利用面板数据进行实证分析并未进行随机效应或固定效应选择的检验；所选用数据也未设立对照样本组，仅对同一组样本在参加工程前后情况进行对比；少有研究考虑宏观外部环境变化；在估计模型时，很少考虑不同样本集群内可能存在的组内相关效应；选用的指标也多是选用"是否参与工程"的虚拟变量，而未考虑参与工程的规模、时间长度等因素。其次，在数据方面也由利用政府统计数据逐渐改为利用一手数据，考察期间也由短期改为 10 年以上长期研究，这样的数据真实性和时效性更强。构建计量模型时有必要使用制度（政策）变量检验不同的问题，[①] 政策制度不是生产要素，而是提供什么和什么时候提供生产要素的影响因素，因此，不能将政策制度和生产要素等一并简单地纳入计量经济学模型。对此，退耕还林政策差异及变化应作为制度变量检验其对生产要素配置和农户增收的影响因素。而已有研究多数涉及的考察期限相对较短，未反映退耕还林工程推进过程中的政策差异及变化。随着时间推移，第一轮退耕还林工程补助政策不断发生变化，经历了由补助粮食（第一轮）、补助现金（第一轮）、停止补助（部分经济林）、减半补助现金（第一轮延长期）和补助到期 5 个政策阶段，这些政策变化可能影响农户的生产要素配置及部分农户收入，但在已有文献中均未加以考虑。若在不考虑政策差异情况下研究退耕还林工程所产生的影响，得出的结论将失之偏颇。最后，尽管王剑波（2013）考虑了退耕还林工程在京津风沙源治理工程区域中和区域外的差异，但由于数据限制，多数研究也未考虑退耕还林工程政策在不同区域的差异性。而退耕还林政策存在明显的空间差异，退耕还林工程的实施范围十分广泛，且每个区域有不同的社会、经济和文化特征。因此，退耕还林工程作用于每个区域的方式和程度并不一致。已有研究得出的结论差异较大，部分原因是因为研究地域缺乏代表性，以及多采用案例点个别年度的样本农户数据，而较少采用长期定点跟踪数据。本书将有跨度广的大样本数据作为支撑。

2.2　文献述评

回顾国内外相关文献可以看出，关于退耕还林工程对农户生产要素配置行为、农户生产效率和收入及其结构影响等问题取得了一定的研究成果，国内外相关经济学理论、研究方法和工具等也为本书提供了较好的研究基础。

[①] Schmid. Agricultural Technology: Policy Issues for the International Community [R]. Wallingford, UK: CAB International in Association with the World Bank, 1994, 18 (4): 96 – 105.

但是，仍然存在深入研究，寻求更加科学研究结论的余地。根据现有文献的总结分析，能够开展进一步研究突破的领域主要有以下几个方面。

2.2.1 研究内容和视角方面

已有研究涉及了退耕还林工程影响的某些方面：生产要素配置、农户生产效率、农户收入与生计、农户参与情况、工程绩效、产业结构转型，以及退耕还林工程的可持续性和增收减贫。退耕还林工程实施以来，不仅影响了当地的经济发展水平和调整了产业结构，而且改变了农户土地、劳动力等生产要素配置，从而使农户生产效率、收入及其结构均发生不同程度的变化，最终体现在农户生计（生产绩效）上。可见，已有研究视角认为农户生产要素配置的改变是退耕还林工程实施结果，而缺乏工程与生产要素配置、效率是否为收入综合影响原因的实证分析。其实，退耕还林工程的实施究竟是不是导致农户生产要素配置变化的直接原因，它与这些变化之间存在着什么样的内在关系，有待进一步研究。其次，一般而言，生产投入是影响产出的直接原因。当价格不变时，收入主要取决于产出。一些学者支玲（2001）、胡霞（2005）、刘璨等（2006）、尹润生等（2010）、刘璨等（2010）、刘浩等（2012）通过研究发现退耕还林工程的实施有利于提高农户收入；林颖（2013）认为退耕还林工程对农户收入的间接影响程度大于直接影响程度。但也有学者徐晋涛等（2004）、易福金等（2006）、谢旭轩等（2011）认为退耕还林工程在促进农民收入增加方面作用甚微。上述研究最大的不足是未将退耕还林工程对农户生产要素投入、效率和收入的影响有机地联系起来，未清晰刻画三种影响之间的相互关系。在已有研究的基础上，本书试图基于原因分析视角，以生产要素投入和生产效率为传导介质，进一步考察和测度退耕还林工程对样本农户收入及其结构的综合影响和贡献率。

2.2.2 政策差异影响方面

经济学家斯密德提出了计量经济学、试验和案例三种研究方法，解释了如何利用这三种方法建立经验性可检验的假设，认为在检验不同问题时有必要使用政策制度变量，[①] 政策制度影响生产要素的提供时间和类别，并不等同于生产要素，因此，在构建计量经济学模型时不能简单地将生产要素以及政策制度一并纳入其中。斯密德教授针对上述问题提出了两步法：首先，检验收入与产出及生产要素间的关系；其次，检验政策制度与生产要素配置效率及投入间的关系（Schmid，2008）。因此，退耕还林政策差异及变化应作为政策变量检验其对农户生产要素配置、生产效率和增收的影响情况。已有研究多数涉及的考察期限相对较短，未反映退耕还林工程推进过程中的政策差异及变化。随着时间推移，第一轮退耕还林工程补助政策不断发生变化，经历了由补助粮食（第一轮）、补助现金（第一轮）、停止补助（部分经济林）、减半补助现金（第一轮延长期）和补助到期 5 个政策阶段，这些政策变化可能影响农户的生产要素投入、生产效率及部分农户收入，但在已有文献中均未加以考虑。若在不考虑政策差异情况下研究退耕还林工程产生的影响，所得结论将失之偏颇。而退耕还林政策在长江流域及南方地区与黄河流域及北方地区的影响差异明显。本书对退耕还林政策变量的设置区分了黄河流域及北方地区与长江流域及南方地区，以及退耕还林年数，试图考察退耕还林工程对样本农户收入及其结构影响的时空差异。

2.2.3　研究区域样本完善方面

已有研究选择的案例点和样本数量在全国范围内不具有广泛的代表性。某些研究选择一个省或县作为案例点，诸如郗静等（2009）、陈海等（2013）以米脂县为例，认为退耕还林政策对农户土地利用行为具有很大的影响。何明骏等（2008）以吴起县为例，认为退耕还林（草）政策实施后农业土地经营在向集约化和产业化转变。选择几个省的也集中在我国某个区域。朱长宁等（2014）以陕南地区 291 个农户为样本展开调研，对所得数据进行实证分

---

① Schmid. Agricultural Technology：Policy Issues for the International Community ［R］. Wallingford，UK：CAB International in Association with the World Bank，1994，18（4）：96 – 105.

析，结果表明退耕还林工程显著地增加了农民收入、改善了农民生计并且促进了非农就业。退耕还林工程的实施范围十分广泛，且每个区域有不同的社会、经济和文化特征。因此，退耕还林工程作用于每个区域的方式和程度并不一致。由于样本区域缺乏广泛的代表性等原因，导致已有研究得出结论差异较大。且现有研究采用的数据主要为案例点个别年度的短期样本数据，由于短期样本数量较容易受随机因素的影响，致使所得结论的稳定性较差；而定点跟踪数据可以弥补短期样本数据的缺陷，避免受随机因素的冲击，所得结果更具有效性以及可比性。本书将有区域和时间均跨度广的大样本数据作为支撑。

2.2.4　研究方法使用方面

早期研究以理论性研究为主，后逐渐结合实证定量研究，在计量经济学和统计学方法方面得到逐步更新。但现有研究已运用的定量分析方法，特别在变量选择和模型选择上尚有值得改进地方。例如，大多数利用面板数据进行实证分析的研究并未进行随机效应或固定效应选择等的相关检验；所选用数据也未设立对照样本组，仅仅对同一组样本在参加工程前后情况进行对比；少有研究考虑宏观外部环境变化；在估计模型时，很少考虑不同样本集群内可能存在的组内相关效应；选用的指标也多是选用"是否参与工程"的虚拟变量，而未考虑参与工程的规模、强度、时间长度等因素。对此，本书实证研究所用数据也由政府统计数据逐渐改为 20 年农村住户追踪调查平衡面板数据，考察期间也由短期改为 20 年长期研究，这样的数据真实性和时效性更强。研究方法为集成应用双重差分法、Malquist 指数法、贡献度测分方法及构建联立方程等。

第3章 退耕还林相关概念界定及理论基础

3.1 退耕还林相关概念界定

3.1.1 退耕还林工程

随着我国工业化进程的不断推进，人们对资源数量及种类的需求日益增加，与之而来的是过度开采和过度放牧等行为普遍存在，进而对生态环境造成重大破坏，影响了我国生态和社会经济的可持续发展。20世纪90年代，我国相继爆发多次特大洪水，这对粮食安全、食物供给以及居民的居住环境造成重大影响，同时也造成了巨大的经济损失。为此，恢复和保护生态环境，促进经济的可持续发展成为一项重要课题。为了改善生态环境，1999年国家首先在四川、甘肃和陕西三省进行退耕还林试点，2002年退耕还林工程在全国范围内正式启动。从生态恢复的角度看，为了防止环境恶化，修复与保护中西部地区的生态环境，我国实施了退耕还林工程。佘方忠（2000）认为退耕还林工程就是在坡度≥25°的耕地上植树或种草，实现土地利用类型改变的一项生态修复工程。支玲等（2002）从实现手段以及土地利用的内涵对退耕还林进行定义，认为退耕还林工程是政府有计划地采取措施将效率低下的坡耕地转变为林地或者草地的一项生态工程。为了鼓励农户退耕以及防止农户复耕，改变土地利用方式和类型，保证工程按计划顺利实施，国家按规定给予农户一定补偿。李国平和张文彬（2014）认为退耕还林工程是以改变并优化土地利用结构和实现林草资源的恢复为目的，政府通过向农户提供退耕补助,并与农户签订契约的一项生态重建政策。由此可见,学术界对退耕还林工程内涵的认识逐渐深化,从政府部门执行退耕还林基本标准的界定,到退耕还林工程的实现手段,进而关注到农户利益,其内涵不断丰富与发展。

不同的时代背景下应赋予退耕还林工程不同的内涵。在国家林业和草原局的定义以及相关研究的基础上,本书认为退耕还林工程是在已经出现水土流失等情况的生产效率低下的坡耕地上,有步骤地退耕及因地制宜地进行造林种草,从而转变土地利用类型、恢复和改善生态环境,增加农户福利及实现经济社会的可持续发展。

3.1.2 农户和退耕农户

农户是一个群体性统称。在农业经济领域中,农户不仅是农业生产的基本单元,也是实地调研或实证研究的基本单位。从户籍制度角度来说,居住地在农村的居民统称为农民。农即农民,户即家庭、门户,翁贞林(2009)等学者认为农户即为农户家庭。在不同的社会发展阶段,农户的含义也发生着改变。最初,农户是以血缘关系所构成的经济组织。卜范达等(2003)认为农户是指在农村生活,并且家庭主要劳动力以从事农业生产活动为主的社会经济组织。综上所述,农户是主要从事农业生产,且家庭收入主要来源于农业收入的农村生产经营单位。随着经济结构的转变、社会转型以及城镇化的不断深入,我国农户的内涵和外延也相应发生改变,一部分农户已经出现兼业化、非农化现象。① 农户是包含家庭关系在内的基本生产单位,农户不再局限于从事农业或土地的生产活动,也可以从事非农活动,为此可以根据参与非农就业的程度将其细分为非农户、兼业户以及纯农户。

结合研究内容,本书的农户是指拥有农村户籍、在农村生活的人员组成的家庭,主要成员或大部分成员必须有人从事农业生产活动。现有文献按照是否参与退耕还林工程将农户划分为退耕农户与非退耕农户。退耕农户是指

---

① 翁贞林. 粮食主产区农户稻作经营行为与政策扶持机制研究 [D]. 武汉:华中农业大学,2009.

拥有农村户籍,经济来源主要从事粮食、蔬菜、畜牧、非农生产中获取,并且其承包的土地参与了退耕还林工程的农户。非退耕农户与退耕农户的主要区别在于其承包的土地是否参与退耕还林工程。

3.1.3　生产要素

生产要素是为了保证社会生产正常有序进行所必需的各种社会资源的统称。最初,英国学者配第提出了"土地为财富之母,而劳动则为财富之父和能动的要素"的观点,庞巴维克认为资本是不可以脱离劳动力和自然而存在的第三种生产要素,并在配第的观点之上明确提出了生产要素包括土地和劳动的理论。19 世纪,生产要素三元论逐渐被人们接受,即土地、劳动和资本。萨伊在《政治经济学概论》中指出"所生产出来的价值,都归因于劳动、资本和自然力三者的作用和协力"。经济学家穆勒也将生产要素归结为土地、劳动力和资本,并进行了更详尽的研究。19 世纪末 20 世纪初,马歇尔认为将土地、劳动力、资本三种要素组合使用必须依靠组织,因此将组织也作为一种生产要素。20 世纪 80 年代,人们提出必须为生产和劳动提供六种条件或六种力量,劳动对象、环境、空间、时间以及劳动者和劳动力为六种条件,人力、自然力量、财力、物质资源、能力以及时间为六种力量。

现在生产要素普遍被人们划分为土地、劳动力和资本三大要素。农业生产要素是指在农业生产过程中所投入的所有生产资料的总称,但是,必须以获得人们需要的各种农产品为前提。在一定时期内,农户生产要素主要是土地、劳动力、资本。土地是保证农业生产活动正常进行的必要条件,不同阶段的生产要素理论均认为土地要素都是生产活动中必不可少的,本书涉及的土地主要包括农户自己承包的土地和通过要素市场租赁流转而来的土地。资本是指进行生产活动所必须具备的物质资源。那么对于农户而言,资本就是农业生产活动以及非农生产经营活动使用的各种物质资源,包括化肥、机械、种子等。劳动力不仅是指可用于农业或非农生产过程的人,此外还包括其所具备的劳动体力、文化水平以及技术水平。

3.1.4 生产要素配置及其配置行为

配置的基本含义为配备和布置，生产要素配置即如何对土地、劳动力及资源合理分配、科学安排，从而满足生产的需要。资源配置是指由于资源的稀缺性和正常生产需要，社会必须将其所拥有的生产资料在一定范围内进行分配。有研究学者认为人类将各种资源，如产品、劳动，通过一定方式进行各种组合与分配，进而满足各种社会需要的经济活动即资源配置。劳动力配置是指劳动力资源在不同用途之间的合理分配，主要是在三大产业之间的分配或者在农业和非农行业之间的分配，以及家庭内部不同性别之间的分配问题。农村劳动力配置即为在农业部门与非农部门之间的配置。土地配置是指土地作为产业的投入要素，在各个产业、不同的生产部门间的分配，从而使得土地的最大生产力得以发挥。对于农户来讲，土地配置主要是土地利用类型的转变，土地资源的市场流转等。生产要素配置亦是如此，史忠良（1998）认为时间、空间及数量的要求也是生产要素配置的表现。因此，生产要素配置是将具有一定质量和数量的生产要素等各种资源，在一定的时间和空间内，按照一定的方式在一定农业生产部门或其他部门间（用途间）进行各种组合与重新分配，以满足不同生产经营的需要。

生产要素如何进行配置由农户决定，农户是生产要素配置的决策者。农户按照何种方式、何种比重对生产要素进行分配是对当前经济社会发展、政策制度以及要素市场变化的反应以及适应程度。退耕还林工程不仅减少了农户的耕地面积，也改变了农户对各种生产要素的配置方式。

3.1.5 生产效率

在经济学中，效率是指在资源稀缺性的前提下，在一定投入的情况下生产活动对经济资源做了能带来最大可能性满足程度的利用,[①] 主要从投入与产出两个角度进行考量。从投入角度来说，实现相同的产出水平，所投入的生

[①] 焦源. 山东省农业生产效率评价研究 [J]. 中国人口·资源与环境, 2013, 23 (12): 105 – 110.

产要素越少，则表明其生产效率越高。从产出视角来说，投入相同的生产要素，所获得的产出水平越高，则代表其生产效率越高。生产效率即在一定时间内，生产经营活动者所获得的产出，包括所获得的产品、服务等与所投入的资源的比值，也就是以更少的投入创造更多的产品或产值。生产经营活动者可以通过不断优化要素投入组合，进而实现可持续发展。农业生产效率即在农业生产经营活动中，农产品的产出量与农业生产要素投入量的比值。农业生产效率的高低体现了在一定时间范围和地域范围内特定经济技术条件下的农业资源的配置能力，反映农业资源的利用水平。① 可以对不同农业生产者或者同一农业生产者在不同时期内的生产经营情况进行效率高低的比较，进而可以为农业生产经营者达到最优生产决策提供依据。

3.1.6　农户收入及其结构

农户收入不仅包括直接收入，即农户从事农林牧渔业等生产经营所获得的货币收入和产品，还包括农户在非农工作中取得的报酬和基于农业活动而取得的补贴收入。在退耕还林工程中，退耕农户由于将耕地转化为林地而享有的退耕还林补贴便属于补贴收入，退耕还林补贴是由于农户退耕而获得的，是一种附加在耕地上的收入，因此也属于农户收入。从收入来源与结构划分，农户收入包括生产经营性收入、工资性收入、转移性收入以及财产性收入。生产经营性收入是指家庭成员通过进行各种经营活动所获得的；工资性收入是指农户在企业或个人名下工作，形成雇佣关系，通过劳动获得的收入；转移性收入是指养老金等收入，农户在不付出对应物的条件下便能够获得的资金；财产性收入即农户通过获取回报为目的，向其他机构提供资金或资产等供其支配，从而获得的回报。

改革开放以来，农村经济实现了快速发展，城乡收入差距不断缩小。随着农业振兴和乡村振兴等发展战略的实施，农户收入不断增加。不仅表现在

---

① 徐慧. 江苏省农业生产效率时空演变过程及其影响因素分析［D］. 南京：南京大学，2020.

农户收入不断增长，也表现在农户收入多元化，生产经营活动多样化。程名望（2016）等研究发现，农户人均收入水平不断提高的同时收入结构也发生了改变，其中，虽然农户经营收入占比呈下降态势，但是占总收入比重仍然最大；工资收入占总收入比重逐渐上升，成为农户收入的重要组成部分；财产收入和转移性收入也成为农户收入中新的增长点。退耕还林工程的实施使劳动力发生了转移，进一步改变了农户的收入结构。

3.2 本书涉及的相关理论

本书主要基于公共产品理论、外部性理论、劳动力转移理论和要素配置效率理论。退耕还林工程属于公共产品，提供的"生态效益"和"社会效益"使其具有外部经济性。退耕农户作为公共产品的供给者和追求私人利益的"理性人"，政府财政资金支付的"退耕补贴"，弥补了外部收益。基于农户微观经济学视角，在公共产品理论和外部性理论等多维理论体系的指导下，分析退耕还林工程与农户行为、其他经济要素及农户收入的相互关系，使政策经济学的基本假设更加合理，为政策分析和理论分析提供更大的研究空间。因此，劳动力转移理论和要素配置效率理论是本书第5章和第6章核心理论，公共产品理论和外部性理论是政府制定退耕还林政策和确定退耕补贴支付标准的根本理论依据，贯穿本书始终。

3.2.1 公共产品理论

依据公共产品理论，按照社会产品消费过程中具有非排他性和非竞争性的程度，可将其划分为公共产品、准公共产品以及私人产品。同时具备这两个特征的产品是公共产品，不具备这两个特征的则为私人产品。私人产品由市场提供即可满足生产生活需要，因为它可以以竞价的方式排斥他人消费。而对于公共产品来说，理性的消费者一直期待他人购买，自己不愿购买，这就产生了"搭便车"心理，进而导致公共产品不能通过市场来实现有效供给，从而将导致市场上公共产品的严重缺位。哪怕有人愿意提供，但数量有限，远远不能满足社会经济发展的需求。因此，为了保证经济发展，解决市场供给不足的问题，公共产品必须由政府提供。

退耕还林工程所提供的生态及社会效益，便符合了公共产品的非竞争性和非排他性的特点。非竞争性是指增加一个人的消费不会增加产品成本，即消费者数量增加所导致的产品边际成本为零；非排他性是指每个人都可以享受生态建设带来的好处，不能将任何一个人排斥在外，通过收费来限制消费者消费公共产品的难度非常大。① 由此发现，退耕还林工程是一项公共产品，主要表现在它所产生的生态效益和社会效益上：它对人类的生存与生产环境起到了重要的保护作用且是无偿的，还提供了优质水源、新鲜空气以及丰富的物种，同时推动了社会经济发展。众所周知，退耕还林工程投资规模大且周期长、经济效益低下且外部性明显。基于社会效率视角，这些公共产品无法完全通过市场经济来提供。但对于整个社会来说，这些产品不可或缺，这注定退耕还林工程实施是政府干预的经济过程。因此，退耕还林补贴是在市场经济体制下，我国政府为干预和纠正市场失灵而采取的有效措施。政府通过向农户发放退耕还林补贴，合理调整社会投资和利益分配，从而实现促进农民增收，推动农村经济发展，使社会资源配置更加有效的目的。随着政府投入大量的财政资金，退耕还林工程的实施是否应该和必要？取得了何种效果？对此，评价退耕还林工程产生的效益和对农户生产行为等的影响是迫切和必要的。同时，在对退耕还林工程综合效益进行评价时，应更多地关注退耕区农户收入。左菁（2006）认为退耕还林工程作为一种公共产品的供给主体不是政府，而是退耕农户。退耕农户作为追求私人利益的"理性人"，在参与退耕还林工程后若不能通过市场机制就其所产生的正外部性得到任何收益，一旦退耕补偿政策对退耕农户不能产生长期有效的激励作用，退耕还林工程则无法长期有效实施，毁林复耕将随时发生，进而对退耕还林补助标准和年

---

① 董捷 . 退耕还林绩效问题研究 ［D］. 武汉：华中农业大学，2005.

限提出质疑。总之，退耕还林工程作为我国重要生态工程之一，其提供的生态效益是公共产品，所以退耕还林工程应纳入公共产品进行管理，而针对退耕还林工程对农户生产要素配置、生产效率和收入的研究问题，也应遵从公共产品理论。

3.2.2 外部性理论

在《经济学原理》中，马歇尔（1890）首次提出了"外部性"概念，后经过庇古等学者的不断研究逐渐发展完善。外部性是指"一个生产者的产出或投入对另外一个生产者的不付代价的副作用"，这种副作用为益，则称为"正外部性"，若或为害，则称为"负外部性"，"竞争市场中的均衡价格不反映生产的边际社会成本，市场经济不能靠自身达到有效率状态"①是其在现代经济学中的具体表现。庇古（1920）据此认为"无论是正外部性或者负外部性，都要求政府的干预，产业才能取得社会有效的产出水平"。国内外的理论和实践证明，森林环境资源的价值主要表现在其作为生态效应的外部价值上，其良好的生态环境资源给社会带来多种生态效应。这些生态效应具有典型的外部经济性特征。外部性是指外部性成本或外部性收益，即会落在同该产品无关的旁人头上的成本或收益。外部收益（external benefit）是指在市场交易中，除消费者和生产者之外的其他人所获得的收益。如果存在外部收益，产品的价值应是私人成本与外部收益之和。外部性成本（external cost）是指市场交易中必须由生产者和消费者之外的人来承担的成本。社会成本是指社会上所有人的成本，即私人成本加上外部性成本。私人成本是指消费者或生产者支付的价格。退耕还林工程具有生态效益与经济效益"双重"目标，退耕还林工程的生态效益使其具有外部经济性。由于外部经济性的存在导致资源配置失效、"市场失灵"，尤其是使生态林体系建设和发展缺乏经济驱动力，进而导致退耕还林工程无法持续和政府补贴结束后复耕率很高，这就决定了政府必须通过经济手段对退耕还林工程加以干预。若参与退耕农户在实施退耕还林之时，获得一定的政府补贴，即一笔正好等于外部收益的钱。这笔政府补贴在经济学上被称为庇古补贴，是指对具有外部收益的产品进行的补贴。那么，只要参与退耕还林工程的农户获得了参与工程的足够收益，其经济学的市场均衡就是有效均衡，退耕农户的参与意愿就是积极的，人数就是增加的。因此，政府必须通过财政补偿将退耕还林工程的外部效应内部化。《新帕尔格雷夫经济学大辞典》一书将补贴解释为"可以在理论上用来把边际私人成本或效益调整到与边际社会成本或效益更为接近的，具有调整意义的那种概念"，这也表明必须对退耕农户进行财政补贴。这是研究我国实施退耕补贴和退耕还林工程可持续的经济学理论基础。而退耕还林工程的可持续性是本书的前提，因此外部性理论适用于本书。

3.2.3　劳动力转移理论

在经济发展中，农业劳动力从农业逐渐向非农转移，从农村向城镇转移，是实现现代经济增长的必由之路。刘易斯（Lewis）"二元经济理论模型"的核心是：一个国家的经济结构由两个不同性质的经济部门构成，即农业和工业。农业部门边际生产率较低，工资水平低下，保留大量的剩余劳动力；工业部门技术进步而劳动边际生产率较高，工资水平远高于农业部门。因此，在没有政府政策干预下，农村劳动力为了获取与工业部门相等的边际报酬，自然将流向工业部门。农业部门劳动力不断向非农转移，从而促进二元经济平衡增长。林业（农业）部门的弱质性导致其发展极为缓慢。这极大地影响了产业结构的合理调整和经济的健康发展，因而政府的政策干预就往往成为促进林业（农业）部门发展的重要手段。退耕还林工程通过发放退耕补贴和将"坡耕地和沙化地转变为林地"，试图将农村劳动力从种植业转移到林业等的其他行业，特别是转移到边际报酬率更高的非农行业，以提高农村劳动力的家庭收入。例如，CAP（欧盟共同农业政策）的内容已从原先支持农产品价格转向提高农业生产者收入以及农村公共品的全面发展，以保证农业生产的可持续性。

3.2.4 要素配置效率理论

根据法瑞尔（Färrell，1957）的定义，基于投入导向，要素配置效率是指在产出一定的前提下，调整要素投入量之后实际投资成本与调整前最小投资成本的比值；基于产出导向，要素配置效率则是指在投入成本不变时，调整要素投入量之后所能达到最高实际产出与调整之前最高实际产出的比值。众所周知，宏观经济学将经济增长因素分解为具有短期水平效应的要素投入因素和具有长期增长效应的非要素投入（广义技术进步）因素。所谓全要素生产率（TFP）是指一定时期内生产活动的效率。它是衡量单位总产量与全部要素投入量之比的生产效率指标。全要素生产率一般是指资源（包括人力、物力、财力）开发利用的效率。目前，全要素生产率分解为技术效率和技术进步，技术效率经过进一步分解，分为纯技术效率变化和规模效率变化两个部分。而要素配置效率依据法瑞尔对成本效率的分解进一步说明了配置效率并不等同于技术效率。但全要素生产率变化的分解因素应包括配置效率变化，因为其是导致生产效率变化的重要因素。生产率的增长常被视为科技进步的指标，其增长实质有三个来源：一是效率的改善，二是技术进步，三是规模效应。基于经济增长视角，生产率与资本、劳动等要素投入都贡献于经济的增长。基于效率角度，生产效率等同于一定时间内国民经济中产出与各种资源要素总投入的比值。从本质上讲，它是技术进步等因素对经济发展作用的综合反映。从现有研究文献看，从农户生产效率的视角对退耕还林政策对农户收入影响进行评估与相关研究一直是欠缺的。本书基于要素配置效率理论，试图从农户层面考虑生产投入与产出之间密切关系，以准确测度农户要素配置效率，发现农户生产资源实际配置状态与有效配置状态之间的差距，探讨影响这种差距存在的根本原因，从而提出解决对策。因此，要素配置效率理论是本书核心理论。

3.3 理论框架分析

退耕还林工程直接的影响是改变土地结构，部分耕地上的生产要素被释放出来，可能转移到剩余耕地上或其他产业。如果转移到剩余耕地上，则提高种植业的集约化经营程度，种植业生产效率可能发生改变。如果转移到其他行业，可能是林业、畜牧业等其他以土地为基础的行业，也可能是非农行业，这些生产要素重新配置可能影响农户的生产效率，但具体转移到哪个行业则取决于该生产活动的获益能力。而生产要素投入和生产效率变化必然引起产出变化，最终反映在农户的收入变化上。针对以上分析，本书主要基于公共产品理论、外部性理论、劳动力转移理论和要素配置效率理论，获得退耕还林工程对农户生产要素配置及收入影响的理论框架图（见图 3-1）。

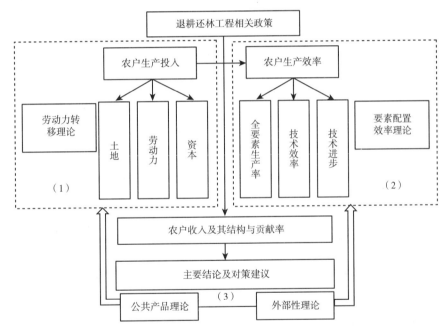

图 3-1 退耕还林工程对农户生产要素配置及收入影响的理论分析

（1）劳动力转移理论的核心内容是现代经济发展必然使农村劳动力从农业向非农转移，从农村向城镇转移。退耕还林工程通过发放退耕补贴和改变农户土地利用方式，试图将农村劳动力从种植业转移到林业等其他行业，特别是转移到边际报酬率更高的非农行业，以提高农业劳动力收入。劳动力转移理论为研究退耕还林工程对农村劳动力配置优化影响奠定了理论基础。

（2）要素配置效率是一项反映经济资源生产效率的相对指标，是指生产资源实际配置状态与有效配置状态的对比关系，是实际投入成本或实际产出值一定的前提下所达到的最优产出或最优投入值。计算公式为：实际产出/最优产出或最优投入/实际投入。基于要素配置效率理论，本书试图从农户层面考虑生产投入与产出之间密切关系，以准确测算农户要素配置效率，发现农户生产要素实际配置状态与有效配置状态之间的差距及探究产生差距原因。因此，要素配置效率理论是本书第6章的核心理论。

（3）退耕还林工程属于公共产品，其提供的"生态效益"和"社会效益"具有外部经济性。农户作为公共产品的供给者和追求私人利益的"理性人"，政府财政资金支付的"退耕补贴"弥补了外部收益。公共产品理论和外部性理论是政府确定退耕补贴标准的理论依据，贯穿本书始终。

第4章 研究区域退耕还林及生产要素配置和收入概况

本书选取4省8县作为样本省（县），分别是四川省的南部县和马边县、江西省的修水县和兴国县、河北省的张北县和平泉县、陕西省的镇安县和延长县。这8个案例县均实施了退耕还林工程，且分布区域能够体现退耕还林工程在长江流域和黄河流域补助标准差异。数据主要来源于《林业统计年鉴》《林业发展报告》《退耕还林工程社会经济效益监测报告》《中国国民经济和社会发展统计公报》，以及样本省（县）统计年鉴及"林业重点工程与消除贫困问题研究"项目农户数据库相关数据。因此，案例县的相关数据具有较高全国代表性，有利于反映退耕还林工程概况及其对农户生产要素配置和收入影响情况。

4.1 研究区域退耕还林概况

4.1.1 样本省退耕还林概况

1999年退耕还林工程在四川省和陕西省开始试点，2000年和2001年退耕还林工程分别在河北省和江西省开始试点实施。经过三年试点，退耕还林工程于2002年开始全面启动。自工程试点实施以来，截至2018年，陕西、河北、江西及四川4个样本省累计完成退耕地造林379.62万公顷，荒山荒地造林567.01万公顷，未封山育林面积18.34万公顷。由图4-1可见，退耕地造林面积最大的为率先实施退耕还林工程试点的陕西省与四川省，它们的退耕地造林面积分别为149.70万公顷与118.26万公顷。

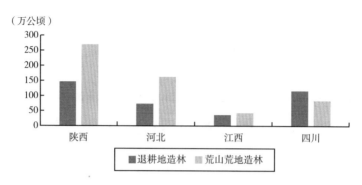

图 4 – 1 1999～2018 年样本省退耕地造林与荒山荒地造林总面积

资料来源：1999～2018 年《退耕还林综合效益监测国家报告》。

由图 4 – 2 与图 4 – 3 样本省退耕地造林与荒山荒地造林面积变化趋势可见，1999～2018 年样本省造林面积总体呈现先增后降的趋势，且 2003 年造林面积达到最高值，其中陕西省 2003 年退耕地造林面积达到 27.96 万公顷，荒山荒地造林面积达到 28.28 万公顷。这表明退耕还林工程实施以后，各地积极响应政策开展退耕还林工作，截至 2004 年，退耕地造林面积和荒山荒地造林面积都呈现快速增长态势；之后随着退耕还林工作由侧重数量向追求质量转变，同时政府作出了减少退耕计划，样本省退耕地造林面积与荒山荒地造林面积增长速度趋于平缓。

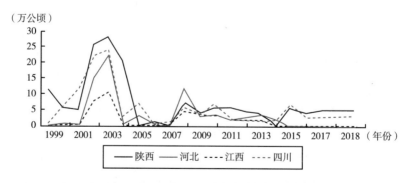

图 4 – 2 1999～2018 年样本省退耕地造林面积的趋势

资料来源：1999～2018 年《退耕还林综合效益监测国家报告》。

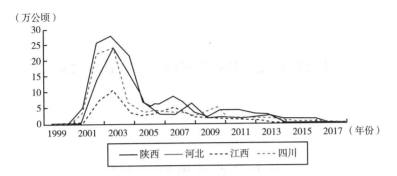

图4-3 1999~2018年样本省荒山荒地造林面积的趋势

资料来源：1999~2018年《退耕还林综合效益监测国家报告》。

经过多年退耕还林工程及林业重点工程的实施，截至2019年，样本省的森林面积及森林覆盖率均获得明显提高。由图4-4各样本省森林面积增长变化可知，四川省森林面积增长幅度最大，较2004年增加了180.25万公顷；由图4-5各样本省森林覆盖率变化趋势可知，陕西省增长幅度最大，较2004年增长了5.8个百分点，江西省增长幅度最低，仅增长了2.9个百分点。

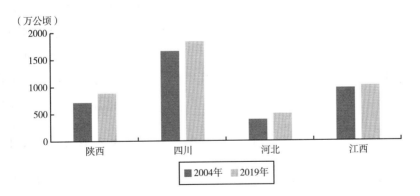

图4-4 2004年和2019年样本省森林面积对比

资料来源：2004年和2019年《中国林业和草原发展报告》。

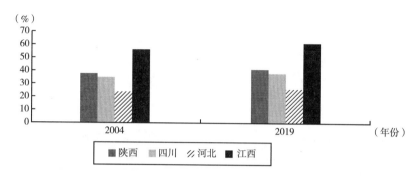

图 4-5 2004 年和 2019 年样本省森林覆盖率对比

资料来源：2004 年和 2019 年《退耕还林综合效益监测国家报告》。

4.1.2 样本县退耕还林概况

为进一步研究退耕还林工程对农户的影响，本书在 4 个样本省内选取了 8 个样本县，分别为南部、马边、修水、兴国、张北、平泉、镇安以及延长。各样本县虽然退耕还林工程的开启时间有所不同，但是均显著地改善了样本县的生态环境，同时提高了样本县及样本农户的社会经济状况。

南部县于 2001 年进行退耕还林试点工作，当年完成退耕还林 1 万亩，荒山造林 2.5 万亩。经过试点与五年退耕还林工作的全面铺开，南部县的森林覆盖率从 2001 年的 35.86% 增长至 2006 年的 41.6%。自 2001 年实施退耕还林工程到 2018 年，林地面积达到 7540.35 万亩，森林覆盖率达到 54.6%，较 2001 年增加了 18.74%，成效显著。

马边县自 1999 年开始实施退耕还林工程，当年实现退耕还林 2.12 万亩。第一轮退耕还林工程结束时，累计完成退耕还林 13.4 万亩，占全部耕地面积的 53%。截至 2018 年，马边县林地面积达到 245.59 万亩，森林覆盖率达到 54.6%，较退耕还林前约增加了 14%。

修水县从 2001 年起开始实施生态公益林、退耕还林等林业重点工程项目，截至 2010 年，实施退耕还林工程项目 26.25 万亩，争取到国家林业投资总额在 4000 万元以上。此外，还大力发展绿色产业，放大生态效益，全面推进造林绿化。

兴国县自退耕还林工程实施以来至 2011 年,全县有林地面积增加 327.19 万亩,较 2005 年的 322.2 万亩增加了 4.99 万亩。2006~2011 年,完成退耕还林 1.5 万亩,荒山荒地造林 2.7 万亩,封山育林 1.58 万亩。同时大力发展生态林业,形成了比较完备的生态体系。至 2018 年,森林覆盖率达到了 75.3%。

张北县经过两年试点和四年铺开总计六年工程的实施,共完成退耕还林工程 87.76 万亩。工程涉及全县 18 个乡镇,366 个行政村,退耕农户达到 65152 户,占全县农业人口总户数的 60.4%,受益人口达 21 万人。张北县通过退耕还林等林业重点工程的实施,到 2018 年全县林地面积达到 183 万亩,森林覆盖率增长至 27.4%,草场植被覆盖率达到了 72.5%。

平泉县于 2002 年启动退耕还林工程,当年退耕还林 16.8 万亩。到 2008 年,共投入退耕还林工程建设及补助资金 2.61 亿元,完成退耕还林面积 27.4 万亩,匹配荒山造林面积 17.5 万亩。到 2018 年,森林覆盖率达到 60%,林地面积达到 296.59 万亩。

镇安县在 1999~2006 年累计完成退耕还林 55.18 万亩,2006 年农户因退耕还林政策兑现人均收入直接增加了 410 元。2009 年起,退耕还林工程以巩固成果为重点,并大力发展经济林基地建设。截至 2018 年,镇安县林地面积达到 358.57 万亩,森林覆盖率由退耕还林前的 57% 增长至 68.5%,增长了 11.5%。

延长县自 1999 年实施退耕还林至 2005 年,累计完成退耕还林 79.45 万亩,退耕农民人均可获得国家钱粮补助 5000 多元。2011~2012 年,全县以巩固退耕还林成果为主要任务,完成补植补造 5 万亩。至 2018 年,森林覆盖率达到 31.32%,较退耕还林之前增长了 14.56%。

4.2　样本农户收入及生产要素配置概况

4.2.1　样本农户的收入概况

退耕还林工程的实施在改善生态环境的同时,带来的社会经济效益也不容忽视。首先，退耕还林提高了退耕农户的收入。退耕还林工程的实施增加了育苗、林木管护等工作岗位，为农村创造了更多的就业机会，进而提高了退耕农户的收入。从图4-6可见，从1999年实施退耕还林工程以来，样本农户的总收入持续上升，尤其是非农收入增长幅度较大。退耕还林工程改善了样本农户收入结构，样本农户收入不仅来源于土地，还增加了经营性收入、财产性收入和工资性收入，使得农户收入结构更加合理。从图4-7可见，1999年样本农户以土地为基础收入是其主要来源，约占样本农户总收入的67%。随着退耕还林工程的实施，将耕地转变为林地，使农村剩余劳动力从土地释放出来，转移到其他非农行业。2014年，非农收入成为样本农户收入的主要来源，占总收入的49%，较1999年提高了32%；而以土地为基础的收入尽管仍为样本农户收入的主要来源，但是其所占比重下降了31%。由此可见，退耕还林工程的实施改善了样本农户收入结构。样本农户收入结构的变化从侧面反映出退耕还林工程改善了劳动力结构，农村非农就业劳动力增加，农业就业劳动力呈减少趋势。

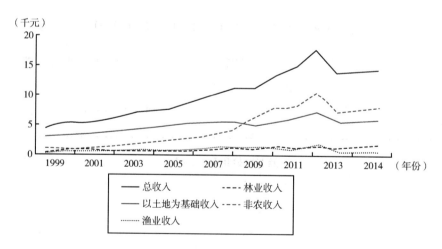

图4-6　1999~2014年样本农户收入变化趋势

资料来源：1999~2014年《国家林业重点工程社会经济效益监测报告》。

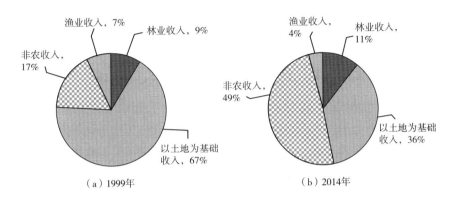

图 4 - 7 1999 年和 2014 年样本农户收入结构变化

资料来源：1999 年和 2014 年《国家林业重点工程社会经济效益监测报告》。

4.2.2 样本农户的土地利用结构变化

退耕还林工程是农户以土地为资本参与的生态建设工程，对农户的直接影响是耕地面积减少，尤其是旱地面积大幅减少，水田面积保持相对稳定。退耕前后样本农户土地利用结构发生了转变，耕地面积明显减少，林地面积明显增加。由图 4 - 8 可见，样本农户户均耕地面积呈减少趋势，特别是工程实施初期，农户退耕积极性高涨，减少幅度较大，1999～2004 年户均耕地面

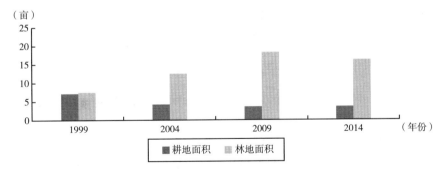

图 4 - 8 1999 年、2004 年、2009 年和 2014 年样本农户户均耕地与林地面积对比

资料来源：1999 年、2004 年、2009 年和 2014 年《退耕还林综合效益监测国家报告》。

积减少了 3.04 亩，此后样本农户户均耕地面积保持稳定。样本农户户均林地面积呈增长趋势，特别是实施第一轮退耕还林工程时，林地面积增加幅度较大，1999~2009 年样本农户户均林地面积增加 12.87 亩。此后退耕还林工程以巩固退耕成果为主，林地面积增长趋势放缓。

4.2.3 样本农户的劳动力投入变化

退耕还林工程的实施，为农村带来了更多的就业机会，减轻了农村就业压力。同时将劳动力从土地上释放出来。由图 4-9 可见，样本省农林牧渔从业人员逐步减少，其中四川省减少幅度最大，与 1999 年相比，至 2019 年减少了 37.53%。加大农村劳动力转移是退耕还林工程的重要社会经济效益之一。《退耕还林工程社会经济效益监测报告》显示，2016 年外出务工人数为 1342 人，占总劳动人数的 39.02%。与退耕前相比，2016 年外出务工人员增长了 61.32%，在一定程度上实现了劳动力的转移。

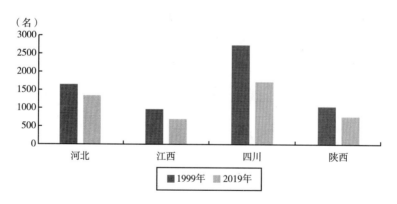

图 4-9 1999 年和 2019 年样本省农林牧渔从业人员对比

资料来源：1999 年和 2014 年《国家林业重点工程社会经济效益监测报告》。

由图 4-10 可见，样本农户以土地为基础的劳动力数量呈下降趋势，而非农劳动力数量呈增长趋势。退耕还林工程不仅促进了劳动力转移，同时改变了样本农户的劳动力结构。退耕还林使得从事种植业的劳动力转而从事林业生产，因此样本农户林业劳动力增加，种植业劳动力呈减少趋势。退耕还林工程逐渐由追求数量转向重视质量，由图 4 - 10 可见，2004 年以后林业劳动力与种植业劳动力增减趋势变缓，数量保持在相对稳定状态。

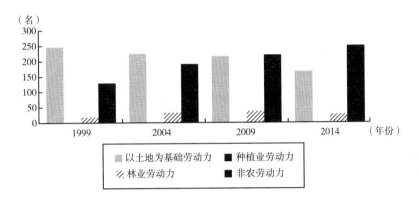

图 4 - 10 1999 年、2004 年、2009 年和 2014 年样本农户劳动力结构对比

资料来源：1999 年、2004 年、2009 年和 2014 年《国家林业重点工程社会经济效益监测报告》。

4.2.4 样本农户的资本投入变化

退耕还林工程的实施直接导致农户土地利用类型发生了改变，也改变了样本农户的资本投入结构。受物价上涨等因素的影响，样本农户户均以土地为基础的资本投入不断增加。由图 4 - 11 可见，种植业仍占以土地为基础资本投入的很大比重，且种植业资本投入不断增加。退耕后，林业成为农户增加收入的重要途径，其投入也不断增加。同 1999 年相比，2009 年样本农户户均林业资本投入增加 170.13 元，林业资本投入占以土地为基础资本投入的 21.6%，增加了 17.16%。至 2014 年，由于转为以巩固退耕还林成果为工作重点，造林面积减少，从而导致林业资本投入有所下降。但是同 1999 年相比，林业资本投入所占比重仍然增加了 4.43%，这是样本农户资本投入结构的重要变化。

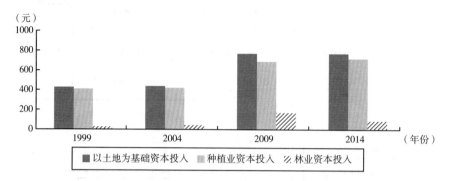

图 4 – 11 1999 年、2004 年、2009 年和 2014 年样本农户户均资本投入对比

资料来源：1999 年、2004 年、2009 年和 2014 年《国家林业重点工程社会经济效益监测报告》。

第5章 退耕还林工程对农户生产要素配置的影响分析

基于劳动力转移理论，利用四川省的南部县和马边县、江西省的修水县和兴国县、河北省的张北县和平原县、陕西省的镇安县和延长县4省8县的农村住户追踪调查数据，本章研究了退耕还林工程对农户生产要素配置行为的影响，并重点关注了退耕还林工程实施过程的政策差异与变化，对退耕还林工程对不同退耕区域和退耕时间农户生产要素配置的影响差异进行重点考察。这对于深入探究农户生产要素配置的行为机理具有重要理论意义，并可为退耕还林工程的政策设计与优化提供理论支持。

1999~2014年，我国经历了退耕还林工程的实施，农业税、农业特产税、牧业税和屠宰税的取消，及自2004年在全国范围内实行农业补贴政策。对此，农户生产要素配置行为发生了相应变化，其背后规律、特征及影响因素是本章所关注的问题。退耕还林工程的实施改变了农户的土地利用模式，从而促进了农户对其生产要素配置的优化（胡霞，2005；王爱民，2005；Liu et al.，2014），将种植业上释放的劳动力和资本转移到林业和畜牧渔业（王秋菊等，2009；江丽等，2011）或非农行业（查小春等，2010；王庶等，2017；Yin et al.，2018）。退耕还林工程实现了农地转为林地的可能性，但农地是否转化为林地取决于两者的比较效益，若林地收益高于农地收益，则农地转为林地，否则仍为农地继续使用。退耕还林工程可能有力地推动了我国农村土地的可持续性利用，提高了农村土地生产力。

由于退耕还林政策具有时空差异，在农地减少的约束条件下，农户需要选择不同生产要素配置以实现自身效益最大化。因此，沿着前人的学术研究成果，本章关于退耕还林工程对农户生产要素配置的影响研究是基于时空视角，从微观农户层面进行的动态差异分析。

5.1　理论分析与研究假设

退耕还林工程对农户生产要素配置的影响，主要从投入角度进行经济学分析。总体来说，退耕还林工程对农户生产要素配置产生了影响。因为农户参与退耕还林工程以后，大于等于25°的坡耕地和沙化耕地通过退耕造林转为林地，直接改变了农户的土地利用模式。而土地利用模式的转变又改变了农户在劳动力、资本等方面的生产要素配置。这主要是由于农户土地利用模式转变后，退耕还林工程释放了退耕地上的部分劳动力，释放的劳动力可能转移到剩余耕地，从而提高种植业集约化经营程度，也可能转移到其他以土地为基础行业和非农行业，从而影响了农户的产业结构。这是从传统农业向商业性农业转变和农业即将进入良性循环的良好征兆。但退耕区劳动力转移仍存在较大程度的优化空间，[①] 其劳动力转移的有效性有待深入研究。另外，退耕还林工程给农村带来了大量的就业机会，增加了农村劳动力的需求，但农村劳动力转移质量（即劳动力素质）有待提升。

本书关注点在于比较退耕还林工程实施以来农户生产要素配置方面的变化及其对农户收入的影响。农户生产投资行为，即农户对劳动力和资本等生产要素的投资，会受到预期未来收益的激励，更会受到生产要素单位成本的边际收益 α（$\alpha = MR_i/P_i$）影响。α 越大，表明该项生产要素的经济效率越高，反之则越低。在获取各种生产要素投入无限制的环境中，农户会选择对 α 值最高的生产要素进行投入。但由于受生产要素边际收益递减规律的影响，该要素的 α 值会随投入的增多而逐渐下降，直至最终达到帕累托最优均衡。

① 何毅峰，谢永生. 退耕还林（草）对农业产业结构调整影响研究——以陕西省吴起县为例[J]. 安徽农业科学，2009，37（16）：7723－7725，7733.

退耕还林工程导致了参与农户生产要素配置变化，而生产要素配置变化将打破原有帕累托均衡，实现从旧均衡向新均衡的变化。退耕还林工程的实施直接改变了农户的土地利用模式，土地利用模式的改变会影响参与退耕农户的生产投入。退耕还林工程实施 20 多年以来，农户的生产要素配置行为经历了一定的变化，且变化的幅度和规模显现出不同时间和不同区域的差异性。依据已有研究，可以推断农户生产要素配置行为的变化可能受到经济社会发展、家庭要素禀赋、政策等多种因素的影响。对此，通过理论分析和实证分析试图综合考察退耕还林工程对农户生产要素配置行为的影响，考察退耕还林工程是否优化了农户生产要素配置，以期更好地探究农户生产要素配置行为机理，为相关政策的制定提供理论支撑。

基于上述分析，本书提出研究假设：退耕还林工程对农户生产要素配置产生影响，且这种影响因退耕还林政策的时空变化而不同。利用 1995 ~ 2014 年工程实施的 20 年数据，本章将研究退耕还林工程对农户生产要素配置在黄河流域和长江流域影响的空间差异；设置退耕还林年数虚拟变量，动态考察退耕还林工程对农户生产要素配置影响的时间差异。需要注意的是，本章土地要素具体包括耕地面积和林地面积，资本要素具体包括林业资本、种植业资本和畜牧渔业资本，劳动力要素具体包括林业劳动力、种植业劳动力、畜牧渔业劳动力、非农劳动力和以土地为基础劳动力。

5.2　模型设置与研究方法

5.2.1　模型设置

农户是生产和消费的统一体，在一定家庭偏好、资源禀赋及市场条件下，为了实现效用最大化，农户同时对生产要素配置和消费作出决策。在市场不完全条件下，农户模型不再具备可分性特征，即农户会因其偏好与禀赋不同影响生产决策，而不仅基于利润最大化目标。不同农户在生产要素配置上呈现出一定的区别，农户模型的假设条件为：农户是"理性人"、要素具有"竞争性"、价格呈现"外生性"和效用目标"最大化"。退耕还林工程的实施对当地经济产生了深远影响，此外，在不同程度上对劳动力、资本和土地等生产要素的配置产生影响。退耕还林工程影响生产要素配置的程度如何，取决于同一生产要素组合内部和不同生产要素组合之间的收入替代效应。在时间和空间上，退耕还林工程具有较大跨度，其对工程区农户生产要素配置产生的一些影响可能是正向显著的，一些影响可能不显著甚至为负向的。因此，检验一项工程产生的影响会导致出现偏误或不完整结果。在一定程度上，利用长期大样本面板数据能够有效地解决这一问题。本章将在描述性分析农户生产要素动态变化的基础上，运用固定效应模型或随机效应模型，对退耕还林工程对农户生产要素配置的影响，以及不同生产要素配置组合之间收入替代的可能性进行估计。

根据以上文献和理论分析可知，对农户生产要素配置行为的影响因素诸多，无法逐一列示。诸多学者运用农户模型研究了农户生产要素配置行为（张林秀，徐晓明，1996；史忠良等，1998；陈灵肖，2006；陈和午，2006；王麒麟等，2007；郭轲，2016）。在分析一般农户生产要素配置行为时，学者一般从家庭要素禀赋、农户特征、国家政策等角度选择构建计量模型的解释变量体系。[①] 通过对以往研究中的解释变量进行科学统计分析，以使用频率、科学性和代表性为标准，选取解释变量。最终分别从退耕还林政策、户主和家庭特征、村庄特征和市场环境特征四个方面设计了包含退耕还林政策、家庭人口数、户主年龄和市场环境等在内的解释变量体系，既能对农户生产要素配置行为进行科学、准确、合理的解释，又符合本章对于政策变量、农户特征变量和市场环境变量等的研究要求。为此，本章需建立退耕还林工程和农户生产要素配置变化之间的因果关系。就面板数据而言，在分析农户生产要素投

---

① 陈兴平，陈明根. 陕南退耕还林农户政策对耕地配置变化影响分析 [J]. 中国集体经济，2010 (18)：12 – 13；吴康明. 转户进城农民土地退出的影响因素和路径研究 [D]. 重庆：西南大学，2011；杨世龙，赵文娟. 可持续生计框架下农户生计与土地利用变化研究进展 [J]. 云南地理环境研究，2015，27 (2)：37 – 42，70.

入时，若仅考虑退耕还林政策影响，则计量经济学模型为：

$$Y_{it} = \beta_{it} SLCP_{it} + \alpha_{it} + \varepsilon_{it} \qquad (5-1)$$

其中：i 表示样本观测值下标；t 表示年份，分别为 1995，1996，…，2014；Y_{it} 表示样本农户土地、劳动力和资本等要素配置情况；$SLCP_{it}$ 是影响样本农户的生产要素配置的退耕还林政策解释变量向量，具体包括是否参与退耕还林、退耕地造林面积和退耕年数虚拟变量，并依据退耕地域不同，分别设置了长江流域及南方地区与黄河流域及北方地区的不同变量；β_{it} 是相应系数向量；ε_{it} 是生产要素配置行为方程的随机误差项；α_{it} 表示不随时间改变的随机误差项，也就是个体效应，当 $\alpha_{it}=0$ 时，说明不存在个体效应，反之则说明存在个体效应，这是判断选择随机效应模型、固定效应模型和混合 OLS 模型的重要依据。

退耕还林工程对农户生产要素配置的影响呈现时空差异，具体表现在退耕还林政策的 4 个阶段，即第一轮退耕还林、退耕还林延长期、退耕还林停止期、新一轮退耕还林，以及北方及黄河流域和南方及长江流域。本章以农户理性假说为切入点，农户基于自身特征、家庭禀赋、村庄环境、市场经济变化等对退耕还林政策作出反应，以实现农户生产要素配置最优的目的。退耕还林政策对农户生产要素（土地、劳动力、资本）配置的影响呈现时空差异，时空差异主要取决于退耕还林政策南北地域和退耕时间段的不同。结合本章研究重点，把影响农户生产要素配置的因素具体分为退耕还林政策（$SLCP$）、市场环境（MD）、户主与家庭特征（HFC）以及村庄特征（VC）四个方面对农户生产要素配置行为进行分析。考虑到除退耕还林政策之外的其他三类控制变量，模型（5-1）扩展为：

$$y_{it} = \alpha_i + \sum_{j}^{a} \delta_j SLCP + \sum_{k}^{b} \theta_k MD + \sum_{m}^{c} \sigma_m HFC + \sum_{n}^{d} \tau_n VC + \varepsilon_{it} \quad (5-2)$$

其中：a、b、c、d 分别为政策、市场环境、户主与家庭特征及村庄特征的变量数；j、k、m、n 分别为政策、市场环境、户主与家庭特征及村庄特征的第

j、k、m、n 个变量；α、δ、θ、σ、τ 为待估参数；ε_{it} 为随机误差项。

5.2.2 研究方法

本章数据来源于亚洲开发银行、财政部与国家林业和草原局资助的"林业重点工程与消除贫困问题研究"项目的农户追踪实地调研数据库。除翔实的数据之外，选择合理、科学的研究方法也是进行科学分析的重要保证。首先，如何选择随机效应模型和固定效应模型估计，判断依据就是固定效应 α_i 与其他解释变量是否存在相关关系。如果不存在相关关系，那么选用其中任何一种估计结果都是无偏且一致的，但是如果固定效应 α_i 与其他解释变量相关，则需要通过豪斯曼检验，以判断使用固定效应模型或随机效应模型。

首先，经过 Bootstrap 的豪斯曼检验（Cameron and Trivedi，2008），判断本章计量经济学模型使用固定效应模型（$P = 0.0000$），固定效应估计优点之一是可以控制不可观测的且可能混淆估计结果的固定因素对参数估计的影响。其次，样本农户之间可能存在一定的相关性或一致性，采用聚类稳健标准误（clustering robust standard error）的组内估计，可以解决此问题。最后，在模型中加入年度虚拟变量以排除其他政策和市场经济条件发生变化对估计结果所带来的影响。因此，本章实证方法为应用 20 年农村住户追踪调查平衡面板数据进行双重差分法分析，双重差分估计的主要思路是利用一个外生的公共政策所带来的横向单位和时间序列的双重差异来识别公共政策的"处理效应"。由此可知，双重差分估计正确性的一个重要条件是公共政策的变化必须是外生的。原则上，农户有是否参与退耕还林工程的自主权。但在实际操作中，只有农户的耕地符合参加退耕还林工程的条件时，农户才能决定是否参加，这是因为相对放弃的机会成本，退耕还林补贴十分具有吸引力。但如果一个农户的耕地地块没有被划归在工程区内，这就意味着即使他愿意，农户也没有选择是否参加退耕还林工程的权利。内田等（Uchida et al.，2005）、刘璨和张巍（2006）也持此观点。另外，刘浩（2015）采用两阶段最小二乘法与普通最小二乘法的估计结果进行豪斯曼检验，实证检验获得农户参与退耕还林不存在显著的内生性。因此，本书认为农户参加退耕还林工程不具有内生性。

5.3　变量定义和描述性统计

表 5 - 1 汇总列示了主要变量含义及描述性统计。在考察期内，随着退耕还林工程的不断推进，参与工程的农户越来越多。由于样本农户分布广泛，其所处社会经济和自然环境存在较大差异，因此重点分析考察期内相关变量均值的变化。本章的数据包括 1995 ~ 2014 年，限于篇幅，只选取了 1999 年、2004 年、2009 年和 2014 年的农户数据分析列示。从表 5 - 1 可以看出，1995 ~ 2014 年，样本农户林地面积总体呈现增长态势，但 2014 年呈现轻微程度的减少；耕地面积呈现持续减少态势。样本农户平均林地面积从 1999 年的 9.11 亩上升到 2014 年的 19.86 亩，增幅约 118%；而耕地面积则从 8.62 亩减少到 5.70 亩，减幅约 34%。林地面积增加幅度远大于耕地面积减少幅度，这是因为退耕还林政策要求样本农户"退耕还林"的同时，还需要"荒山匹配造林"。样本农户平均林业劳动时间从 1999 年的 21.08 人·天上升到 2014 年的 33.77 人·天，增幅逾 60%；平均非农劳动时间从 130.24 人·天上升到 253.44 人·天，增幅 95%；而平均种植业劳动时间却从 140.52 人·天降低到 94.84 人·天，减幅 33%。由此可见，样本农户劳动时间在退耕还林实施后发生变化。样本农户在退耕还林后种植业和畜牧渔业劳动时间均呈现减少态势，但林业劳动时间呈现增长趋势，特别是非农劳动时间呈现较大幅度增加。林业和非农劳动时间涨幅的程度大于种植业和畜牧渔业劳动时间降低的程度，说明样本农户可能多为兼业型农户。林业资本总体呈现增长态势，但 2014 年的增长趋势呈现一定程度的减缓，从 2009 年的平均 189.47 元减少为 77.29 元，说明退耕还林地和荒山匹配造林地的造林和抚育费用大幅度减少。种植业资本前期呈现持续性少量减少，但 2009 年开始出现较大幅度增长，由 2004 年的 406.71 元增长到 2009 年的 687.52 元，说明样本农户退耕一段时间后开始对现有耕地"精耕细作"。

退耕还林后畜牧渔业资本呈持续增长态势，从 1999 年的 192.79 元上升到 2014 年的 450.30 元，说明退耕还林工程可能带动了样本农户第一产业内的不同行业间的转移。

表 5-1　　　　　　　　变量定义和统计性描述分析

变量定义	1999 年		2004 年		2009 年		2014 年	
	均值	标准差	均值	标准差	均值	标准差	均值	标准差
林地面积（亩）	9.11	31.27	13.90	32.11	21.38	44.08	19.86	59.26
耕地面积（亩）	8.62	11.07	5.58	6.59	5.72	5.57	5.70	6.48
林业劳动时间（人·天）	21.08	41.90	33.27	56.41	37.79	76.54	33.77	57.22
种植业劳动时间（人·天）	140.52	90.01	112.17	94.43	99.94	81.79	94.84	93.66
畜牧渔业劳动时间（人·天）	81.55	89.92	81.89	89.25	75.47	148.87	65.28	130.43
非农劳动时间（人·天）	130.24	194.91	189.14	251.81	225.20	260.18	253.44	308.81
林业资本（元）	19.33	66.41	34.93	116.69	189.47	611.42	77.29	301.06
种植业资本（元）	415.43	281.84	406.71	338.43	687.52	929.16	793.11	1209.05
畜牧渔业资本（元）	192.79	308.56	233.38	368.82	345.46	1965.50	450.30	2134.43
参加退耕情况（是 =1；否 =0）	0.13	0.34	0.58	0.49	0.53	0.4996	0.65	0.48
其中：黄河流域参加退耕情况	0.08	0.27	0.26	0.44	0.26	0.44	0.30	0.46
长江流域参加退耕情况	0.06	0.23	0.32	0.47	0.27	0.45	0.44	0.48
退耕地造林面积（公顷）	0.71	2.55	4.46	8.98	5.23	11.93	6.18	12.80
其中：黄河流域退耕地造林面积	0.58	2.48	2.95	8.54	3.72	11.63	4.31	12.52
长江流域退耕地造林面积	0.13	0.71	1.51	4.07	1.51	4.30	1.87	4.84
非农劳动力价格（元/人·天）	20.49	8.04	20.74	8.50	31.85	11.55	57.17	22.38
木材价格（元/立方米）	208.13	28.17	231.11	26.97	303.91	43.39	329.80	74.77
农产品价格（元）	0.91	0.17	1.05	0.20	1.32	0.07	1.57	0.22
户主年龄（岁）	42.27	10.86	42.27	10.86	51.97	11.49	56.34	11.29
户主受教育年限（年）	6.18	2.77	6.18	2.77	5.91	3.29	5.90	3.36
户主是否村干部（是 =1；否 =0）	0.09	0.29	0.09	0.29	0.09	0.29	0.06	0.24

续表

变量定义	1999 年		2004 年		2009 年		2014 年	
	均值	标准差	均值	标准差	均值	标准差	均值	标准差
家庭人口（人）	3.75	1.26	3.95	1.37	4.12	1.60	3.80	1.64
是否硬化路面（是 =1；否 =0）	0.36	0.48	0.36	0.48	0.60	0.49	0.83	0.38
村庄距县城距离（千米）	39.00	21.43	39.00	21.43	38.13	21.12	38.04	21.48

5.4 退耕还林工程对农户土地要素配置影响的实证分析

土地要素是农户最主要的生产资料之一。根据概念界定，农户土地要素配置行为是农户在一定的政策、自然及社会经济环境、家庭要素禀赋和经验等约束下对土地要素配置活动的反映。解决我国"三农"问题的根本是解决土地问题。土地是人类赖以生存的根本，是农业最基本的生产要素。农村土地配置方式是否科学合理，不仅对耕地的利用效率和生产效率有重要影响，而且关系到其他农业生产要素的合理配置，进而影响农村经济的发展和国民经济的宏观运行。退耕还林工程是在既定区域的土地上实现资源（尤其是生物种群资源）的优化配置，因此必然导致土地利用方式和资源配置方式发生较大的动态变化。简单地讲，退耕就是将区位条件差、适宜性差、生产能力差的 25°以上坡耕地退出来，而还林还草就是将生产收益率低的耕地让位于更适宜发展的林牧业。退耕还林绝不是简单的土地撂荒和种树种草，所退和所还土地都涉及更关键的生产结构调整和对土地要素及其他资源要素的再配置、再选择。这对于改变我国农村土地过于零碎、分散的实际情况意义非常重大，且有利于我国土地资源的优化配置、产业结构调整的加快、农村劳动力转移的加速及农民增收渠道的拓宽。与此同时，退耕还林工程进行土地利用结构调整，合理配置农、林、牧及非农业用地，能充分发挥土地的经济和社会效益，反过来又能改善生态环境，巩固退耕还林成果，实现区域可持续发展。本节结合理论分析、文献分析以及计量分析方法，在对退耕还林工程对农户土地影响现状分析的基础上，主要对工程对农户土地要素配置的影响因素进行了考察，以期能深入探究农户的土地要素配置行为机理，为相关政策的制定提供实证支持。

5.4.1 退耕还林工程对农户土地影响现状分析

本节主要考察 1995~2014 年农户耕地面积和林地面积的变化情况，并分析和总结了变化规律和特征，以考察不同时间和不同区域农户的差异（见表 5-2）。

表 5-2　　　　1995~2014 年样本农户户均拥有耕地面积和林地面积　　　单位：亩

年度	林地面积	耕地面积	年度	林地面积	耕地面积
1995	8.15	8.85	2005	17.24	5.91
1996	8.18	9.04	2006	17.26	6.04
1997	8.20	9.02	2007	20.92	5.66
1998	8.35	8.99	2008	21.13	5.50
1999	9.11	8.62	2009	21.38	5.72
2000	9.51	8.15	2010	22.65	5.74
2001	9.82	8.02	2011	19.93	5.65
2002	11.12	7.03	2012	19.91	5.67
2003	13.47	6.07	2013	19.67	5.74
2004	13.90	5.58	2014	19.86	5.70

就总体样本农户而言，1995~2014 年，样本农户户均林地面积从 8.15 亩提高到 19.86 亩，增长了 143.68%。分时间段来看，1995~1998 年样本农户户均林地面积均值是 8.2 亩；1999 年以后，样本农户户均林地面积大幅度提高，这是由于退耕还林工程自此开始在全国范围内实施，从而明显增加了样本农户拥有的林地面积；2002~2010 年，退耕还林工程实施规模进一步扩大，样本农户户均林地面积均值是 25.78 亩，与退耕前 1995~1998 年均值相比，增长了 17.58 亩；2010 年以后，因为新参与退耕还林工程样本农户数量减少和部分已参与退耕还林工程样本农户到期，户均林地面积略微减少后基本保

持平稳。与之变化相反的是户均耕地面积。1999 ~ 2014 年，样本农户户均耕地面积从 8.62 亩降低到 5.70 亩，减少了 33.87%。分时间段来看，1995 ~ 1998 年样本农户户均耕地面积均值是 8.98 亩，基本保持稳定。直到 2003 年以后才开始出现较明显的下降趋势，并一直持续到 2014 年，这是因为 2003 年是退耕还林工程任务最重一年。同时，这也可能是因为参与退耕还林工程前样本农户耕地面积基数大和样本农户"恋土"情结的影响，所以退耕还林工程实施前期总体对样本农户耕地面积影响不大。

分区域来看，考察 1999 ~ 2014 年长江流域和黄河流域样本农户参加 SLCP 后户均退耕地造林面积的变化情况（见表 5 - 3）。结果显示，长江流域样本农户户均退耕地造林面积从 0.20 亩提高到 2.85 亩，增长了 13.25 倍；黄河流域样本农户户均退耕地造林面积从 1.69 亩提高到 12.55 亩，增长了 6.43 倍。总之，黄河流域样本农户户均退耕地造林面积远大于长江流域农户，两者存在较大差异，且差异呈不断加大趋势，并于 2008 年达到最大值。这可能是因为 2008 年是样本区域退耕还林工程实施的最后一年。之后，2009 ~ 2010 年两流域样本农户退耕地造林面积减少，2011 年又开始略微增加，但两者差异呈减小趋势。

表 5 - 3　　　　　1995 ~ 2014 年长江流域和黄河流域参加 SLCP 样本

农户户均退耕地造林面积　　　　　　　　单位：亩

年度	参加 SLCP（长江流域）	参加 SLCP（黄河流域）	差异	年度	参加 SLCP（长江流域）	参加 SLCP（黄河流域）	差异
1995	0	0	0	2005	2.54	12.73	10.19
1996	0	0	0	2006	2.56	12.55	9.98
1997	0	0	0	2007	2.51	11.88	9.37
1998	0	0	0	2008	2.37	13.51	11.14
1999	0.20	1.69	1.49	2009	2.30	10.84	8.55
2000	0.52	2.85	2.32	2010	2.28	10.84	8.57
2001	0.73	2.93	2.19	2011	2.68	13.56	10.88
2002	1.43	5.30	3.87	2012	2.68	13.56	10.88
2003	2.14	9.35	7.22	2013	2.85	12.04	9.20
2004	2.30	8.59	6.29	2014	2.85	12.55	9.71

5.4.2 退耕还林工程对农户土地影响的实证分析

农户如何分配即选择什么方式分配土地决定了农户的粮食生产和经济收入（李彪等，2013）。农户土地要素配置行为对土地资源利用率、农民增收、农业结构调整和农村经济发展具有决定作用（李卓然，2012）。具体而言，土地数量（土地流入流出）、结构、质量、种植结构调整等均为农户土地要素配置行为的具体表现。关于农户土地流转行为学者已经进行了较为丰富的研究。首先是农户拥有的经济资源条件即经济禀赋，决定了其经济决策行为（张文秀等，2005），耕地面积对于农户土地流转具有显著的影响（周春芳，2012），而退耕后对农户土地利用决策影响显著的因素变为农户金融资本及社会资本（魏学肖，2018）。其次，劳动力人数反映了一个家庭劳动力禀赋，而劳动力禀赋对于家庭土地需求有重要影响。诸多实证研究发现非农就业人数有利于农村农地流转市场的发展（周春芳，2012）。胡豹（2004）、宋乃平（2004）等实证研究表明退耕还林工程导致了农户土地面积的减少，减少程度因退耕还林地的经营情况和耕地资源禀赋而不同。最后，外部经济环境越好越有利于劳动力转移到非农行业，以获得更高的经济收入。总之，无论是农户土地结构以及土地种植结构方面，还是农户的土地投入产出、土地集中经营方面，都受到退耕还林工程各方面的影响。农户在退耕还林后降低了粮食作物和经济作物的种植比，① 经济作物种植面积有较大增加。退耕还林工程实施后农户耕地利用效率提高了，且更多地利用缓坡地或平地来进行农业生产。但退耕还林工程如果没有建立生产生活的替代体系，其综合效益的发挥将受到严重影响。因此，只有以新的、更为适合的生产生活方式去替代原有传统的生产生活方式，减少农户对土地的依赖性，退耕还林工程才能够长远发展下去。

自 1999 年政府开始选择自然条件恶劣的地区实施退耕还林工程以来，不

---

① 折小龙. 退耕还林政策下农户土地利用行为转变实证研究——以陕西省米脂县为例 [D]. 咸阳：西北农林科技大学，2012.

仅取得了显著的社会效益、经济效益和生态效益，且样本农户的土地配置行为也产生了巨大变化，其变化幅度和变化程度因退耕区域和退耕时间的不同而呈现时空差异。对此，本节从政策的时空视角，基于生产要素配置和农户生产行为理论，选取耕地面积和林地面积为探究样本农户土地配置行为的被解释变量、退耕还林政策为核心解释变量，以户主与家庭禀赋特征、村庄特征和市场环境等为控制变量重点分析退耕还林工程对样本农户土地配置行为的影响机理，为完善退耕还林政策的后续设计提供理论研究参考。

5.4.2.1　退耕还林工程对样本农户耕地和林地面积影响分析

为考察退耕还林参与情况及黄河流域和长江流域参与情况、退耕地造林面积及黄河流域和长江流域退耕地造林面积对样本农户耕地面积和林地面积的影响，本节进行了经验性结果分析（见表 5-4）。

（1）退耕还林工程对样本农户耕地面积影响。一是退耕还林政策变量。模型（1）和模型（2）中，参加退耕还林情况对总体样本农户耕地面积的影响系数是 -0.0783，无统计显著性。其中对黄河流域影响系数为 0.2121，无统计显著性；对长江流域影响系数为 -0.3418，具有 10% 统计显著性。模型（3）和模型（4）中，退耕地造林面积对总体样本农户耕地面积的影响系数为 -0.0113，无统计显著性。其中对黄河流域影响系数为 0.0433，无统计显著性；对长江流域影响系数为 -0.0811，具有 1% 的统计显著性。结果说明，退耕还林工程显著地减少了长江流域样本农户的耕地面积，而对总体及黄河流域样本农户影响不明显。这可能是因为两流域样本农户的自然资源状况和生产习惯不同所致。二是户主与家庭禀赋特征变量。依据模型回归结果，户主年龄、户主受教育年限、户主是否村干部等表示决策者特征的变量及家庭人口数均未表现出显著影响。三是村庄特征变量。是否硬化路面对样本农户耕地面积的增加具有 5% 的正向统计显著性，而村庄距县城距离则对样本农户耕地面积没有显著影响。这说明村庄路面硬化有利于运输出售农产品、实施机械化生产和规模化经营，从而提高了样本农户增加耕地经营面积的积极性。

表5-4 退耕还林工程对样本农户耕地和林地面积影响的经验性结果

变量	定义	耕地面积				林地面积			
		(1)	(2)	(3)	(4)	(5)	(6)	(7)	(8)
	参加退耕情况（是=1；否=0）	-0.0783 (0.1241)				1.4832*** (0.6881)			
	其中：参加退耕情况（黄河流域）		0.2121 (0.2044)				2.6812*** (0.1798)		
	参加退耕情况（长江流域）		-0.3418* (0.1768)				0.3795*** (0.1294)		
SLCP	退耕地造林面积（亩）			-0.0113 (0.0248)				0.2903*** (0.0206)	
	其中：退耕地造林面积（黄河流域）				0.0433 (0.0374)				0.4429*** (0.0270)
	退耕地造林面积（长江流域）				-0.0811*** (0.0357)				0.0857*** (0.0235)
MD	非农劳动力价格（元/人·天）	0.0317 (0.1097)	-0.0274 (0.1134)	0.0302 (0.1119)	-0.0430 (0.1179)	-0.5191*** (0.0943)	-0.2639*** (0.0967)	-0.2435** (0.0971)	-0.4530*** (0.0934)
	木材价格（元/立方米）					0.4175 (0.2837)	0.8673*** (0.3076)	0.9905*** (0.2984)	0.6471** (0.2711)
	农产品价格（元）	1.9879*** (0.7096)	1.8619*** (0.6959)	2.0050*** (0.7051)	1.8225*** (0.6881)				

续表

变量	定义	耕地面积				林地面积			
		(1)	(2)	(3)	(4)	(5)	(6)	(7)	(8)
HFC	户主年龄（岁）	0.1378 (0.3480)	0.1643 (0.3478)	0.1382 (0.3480)	0.1625 (0.3473)	-0.2593 (0.3427)	-0.1465 (0.3278)	-0.2618 (0.3398)	-0.1898 (0.3267)
	户主受教育年限（年）	0.0289 (0.0347)	0.0294 (0.0346)	0.0289 (0.0347)	0.0301 (0.0345)	0.0238 (0.0415)	0.0265 (0.0418)	0.0239 (0.0417)	0.0281 (0.0414)
	户主是否为村干部 （是=1；否=0）	0.2928 (0.2562)	0.2803 (0.2539)	0.2926 (0.2561)	0.2715 (0.2520)	0.2461 (0.2101)	0.1875 (0.2136)	0.2481 (0.2086)	0.1821 (0.2129)
	家庭人口（人）	0.1541 (0.1849)	0.1550 (0.1847)	0.1541 (0.1845)	0.1604 (0.1837)	0.2186 (0.1451)	0.2429* (0.1455)	0.2389 (0.1459)	0.2754* (0.1463)
VC	是否硬化路面 （是=1；否=0）	0.2958** (0.1334)	0.2997** (0.1334)	0.2968** (0.1328)	0.2981** (0.1327)	0.3452*** (0.1120)	0.3446*** (0.1130)	0.3189*** (0.1123)	0.3082*** (0.1136)
	村庄距县城距离（千米）	0.0520 (0.1432)	0.0497 (0.1446)	0.0523 (0.1433)	0.0450 (0.1453)	0.1075 (0.1264)	0.0921 (0.1332)	0.1066 (0.1270)	0.0813 (0.1328)
农户效应		YES	YES	YES	YES	YES	YES	YES	YES
时间效应		YES	YES	YES	YES	YES	YES	YES	YES
R^2		0.0159	0.0181	0.0159	0.0198	0.2537	0.2139	0.2292	0.2637
样本量		11180	11180	11180	11180	11180	11180	11180	11180

注：（1）*、**、*** 分别表示参数估计值在 10%、5%、1% 的统计水平上显著。（2）样本控制变量包括农户户主特征、农户家庭禀赋和村庄特征、市场环境。农户户主特征包括户主年龄、户主是否为村干部或党员和户主受教育程度。农户家庭禀赋包括家庭人口数、是否硬化路面和村庄距县城距离。市场环境包括林产品价格、农产品价格和非农价格。本章中其他表格的相关控制变量与此处相同，将不再重复。

四是市场环境变量。非农劳动力价格对样本农户的耕地面积影响无统计显著性，而农产品价格则具有1%的正向统计显著性。这说明农产品价格越高，样本农户越愿意从事种植业生产，从而扩大耕地经营面积的积极性获得提高。综上所述，退耕还林政策（区分退耕还林参与情况和退耕还林造林面积）对样本农户耕地面积影响具有区域差异，是否硬化路面与农产品价格对样本农户耕地面积增加作用明显。

（2）退耕还林工程对样本农户林地面积影响。一是退耕还林政策变量。模型（5）和模型（6）中，参加退耕还林情况对总体样本农户林地面积的影响系数为1.4832，具有1%统计显著性。黄河流域和长江流域参加退耕还林情况的影响系数分别为2.6812和0.3795，且具有1%统计显著性，其中对黄河流域的影响强于长江流域。模型（7）和模型（8）中，退耕地造林面积对总体样本农户林地面积的影响系数为0.2903，具有1%统计显著性。对黄河流域和长江流域的影响系数分别为0.4429和0.0857，且具有1%统计显著性，其中对黄河流域的影响强于长江流域。这说明退耕地造林和荒山匹配造林政策直接导致了参与退耕还林工程的样本农户林地面积显著增加。黄河流域样本农户由于退耕造林地和荒山匹配造林面积大，以及参与退耕还林时间较早，所以受影响程度大于长江流域。二是户主与家庭禀赋特征变量。根据模型回归结果，户主年龄、户主受教育年限和户主是否村干部均未对样本农户的林地面积呈现显著影响。而家庭人口数在长江流域和黄河流域的回归结果表现为正向且具有10%统计显著性，说明家庭人口数越多越有利于林业发展。三是村庄特征变量。是否硬化路面有利于样本农户林地面积的增加，且具有1%的统计显著性，而村庄距县城距离则对样本农户林地面积无显著性影响。这说明村庄路面状态越好越有利于样本农户林地面积的增加，以及林业机械化实施和规模化经营。四是市场环境变量。非农劳动力价格和木材价格各具有负向和正向1%的统计显著性。这说明木材价格越高，样本农户越愿意增加林地的经营面积。而外出务工等非农价格越高，依据理性经济人假设，样本农户则表现为缺乏增加林地经营面积的积极性。综上所述，退耕还林政策（分退耕还林参与情况和退耕地造林面积)、木材价格和是否硬化路面显著地促进了样本农户林地面积的正向变化,而非农价格则抑制了林地面积的增加,但区域差异性不显著。

5.4.2.2　退耕还林参与年数对样本农户耕地和林地面积影响分析

由于退耕还林工程实施的年限跨度很大,为详细了解工程实施每个阶段的情况,将退耕还林工程对农户耕地面积和林地面积的时间影响逐年回归,受退耕还林参与年数影响主要变量的分析结果见表 5 – 5。

表 5 – 5　　　退耕还林年数对耕地面积和林地面积影响的经验性结果

变量	耕地面积	林地面积
退耕第 1 年	– 0. 0858 (0. 1274)	2. 1261 *** (0. 1344)
退耕第 2 年	– 0. 1841 (0. 1531)	2. 1876 *** (0. 1345)
退耕第 3 年	– 0. 3203 * (0. 1678)	2. 1434 *** (0. 1460)
退耕第 4 年	– 0. 3429 * (0. 1932)	2. 0670 *** (0. 1567)
退耕第 5 年	– 0. 2837 (0. 2183)	2. 1589 *** (0. 1731)
退耕第 6 年	– 0. 4195 * (0. 2349)	2. 1367 *** (0. 1813)
退耕第 7 年	– 0. 0645 (0. 2158)	2. 0157 *** (0. 1967)
退耕第 8 年	– 0. 0476 (0. 2377)	2. 0768 *** (0. 1996)
退耕第 9 年	– 0. 5205 * (0. 2874)	2. 0031 *** (0. 2143)

续表

变量	耕地面积	林地面积
退耕第 10 年	−0.0320 (0.2754)	1.9243 *** (0.2198)
退耕第 11 年	0.2661 (0.2795)	1.9912 *** (0.2398)
退耕第 12 年	0.0769 (0.3089)	1.5960 *** (0.2477)
退耕第 13 年	0.0544 (0.3548)	0.9190 *** (0.2808)
退耕第 14 年	0.0962 (0.4402)	1.1542 *** (0.3725)
退耕第 15 年	0.2743 (0.4863)	1.8170 *** (0.4080)
退耕第 16 年	0.2326 (0.6442)	1.8194 *** (0.5030)
年份固定效应	YES	YES
农户固定效应	YES	YES
R^2	0.0195	0.2435
样本控制变量	YES	YES
样本量	11180	11180

注：* 、 ** 、 *** 分别表示参数估计在 10%、5%、1% 的统计水平上显著。

从时间来看，参与退耕还林年数对样本农户林地面积的正向影响显著，且持续性强；而对耕地面积的影响不显著，且无持续性。从 1999 年退耕还林工程实施以来，样本农户参与退耕还林工程 1～16 年对其林地面积的影响均为正向，且具有 1% 的统计显著性，其中最高影响系数为 2.1876，最低影响系数为 0.9190。而样本农户参与退耕还林工程 1～10 年对其耕地面积的影响均为负向，且无统计显著性。这说明样本农户林地面积增加而耕地面积减少的情况与退耕还林政策"将 25°以上坡耕地和沙化地退为林地"的规定相符，对耕地面积影响不显著的原因可能是由于黄河流域样本农户退耕还林之前耕地面积基数较大，且有些地区所退耕地是荒地。另外，由于篇幅原因其他控制变量对样本农户耕地和林地面积影响情况不在表中一一列出。概括而言，是否硬化路面和农产品价格对样本农户耕地面积影响均为正向显著，表示年度变化和社会进步的年度虚拟变量有利于样本农户耕地经营面积增大，这符合我们的预期。而是否硬化路面对样本农户林地面积影响为正向显著，非农价格对样本农户林地面积影响为负向显著，表明年度变化和社会进步的年度虚拟变量对林地面积影响先为正向显著，之后逐渐变为负向不显著。这说明尽管退耕还林工程的实施在一定时期持续地促进了样本农户林地面积的增大，但社会经济政策的变化和技术进步尚未长久地引起样本农户林业经营面积增大，样本农户扩大耕地经营面积的积极性仍大于林地，这固然有样本农户的"恋土"情结，但也与我国林业人员素质较低、林业科技不发达及林业生产周期长等因素相关。而其他变量对此影响均不显著。

5.5 退耕还林工程对农户劳动力要素配置影响的实证分析

退耕还林工程的实施直接改变了农户的土地利用方式，而土地的保障功能较大程度限制了土地的流转和集中，从而影响了土地经济功能的发挥。土地因为细碎化而经营效率低下，必须有效调整农户劳动力就业结构、形成耕地规模经营以提高农户生产效率。农户劳动力从种植业中转移出去，可以使农户收入不再依赖生产率低下的耕地，这将从根本上提高农户收入和治理生态环境。农户的生产行为是影响退耕还林工程成功与否的关键因素，对退耕还林工程是否对农村劳动力转移产生影响，我国学术界主要有"转移说"和"非转移说"两种观点。"转移说"学者认为退耕还林工程促进了农村剩余劳动力转移，以农业产业为主的经济结构正在向以非农业产业为主的经济结构转型，拓宽了农民增收致富的渠道。退耕还林工程显著地增加了以外出务工为主的非农劳动力人数。退耕还林工程增加了每户劳动力外出务工的劳动时间（易福金等，2006；刘越等，2016）。"非转移说"学者认为退耕还林政策的实施仅为农村剩余劳动力的转移提供了可能性。[①] 退耕还林工程并不能够促进农业劳动力向非农转化，并没实现调整农户产业结构和就业结构的目标。退耕还林对农户劳动力转移产生的影响，学术尚无定论。可见，是否推动了农业劳动力转移，我国学术界这两种观点不能简单对立起来，因为退耕还林工程实施的不同阶段在各个地方实施的效果可能不一样，在是否引起农村劳动力转移方面可能存在时空差异。除此之外，在退耕还林工程长达 20 多年的实施中，我国经济政策发生了巨大变化，其他政策是否也成为造成劳动力转移的可能因素之一。

总之，农户就业从以农业为主向以第二、第三产业为主转变，可以使农户收入不再依赖生产效率低下的耕地，这将从根本上缓解人口对耕地的压力、治理生态环境恶化和保护退耕还林工程的效果。农村剩余劳动力转移问题是一个较复杂的过程研究，即农村剩余劳动力向城市转移实际上是农民空间转移、职业转换、阶层转变和角色转型的多重变化过程，是社会外部环境、家庭和个人共同决定的结果。[②] 在此背景下，以退耕还林工程为契机，农户劳动力的就业结构发生了怎样的变化？我们需要检验政府的预期目标是否达到，即退耕还林工程是否造成了农村剩余劳动力转移。结合前人的研究成果，基于空间和时间视角，本节使用长期农村住户追踪调查数据，分析了退耕还林工程对农户劳动力就业影响的时空差异性，为深入探究退耕还林工程对农户劳动力配置行为的影响机制提供了依据。

基于样本资料，本节应用第 5.2 节模型与研究方法估计了退耕还林工程对不同退耕区域和退耕时间样本农户林业、种植业、畜牧渔业、以土地为基础和非农劳动力配置的影响。退耕还林工程在是否推动了农村剩余劳动力转移的问题上，目前的研究尚未达成一致。因为是否引起劳动力转移可能存在

---

① 邢祥娟. 退耕还林对农户收入的影响研究 [D]. 北京：北京林业大学，2014.
② 李路路. 论社会分层研究 [J]. 社会学研究，1999（1）：103–111.

差异，退耕还林工程在不同区域实施的最终效果可能有所不同，存在空间差异。此外，样本农户参加工程的时间也影响到劳动力配置。短时间内，样本农户行为可能因实施退耕还林工程而难以迅速调整，随着时间的推移，对劳动力配置的调整将逐渐进行。由于本节讨论的是退耕还林政策对样本农户劳动力的时空效应影响，所以样本农户户主与家庭禀赋特征、村庄特征和市场环境等对样本农户劳动力的影响分析暂不赘述。

5.5.1　退耕还林对农户林业、种植业、畜牧渔业和以土地为基础劳动力影响经验性结果

为了研究退耕参与情况及黄河流域和长江流域参与情况、退耕地造林面积及黄河流域和长江流域退耕地造林面积对农户林业、种植业、畜牧渔业和以土地为基础劳动力的影响，本节进行了工程对不同行业劳动力变化的空间影响分析。

表 5-6 显示，首先，模型（1）和模型（2）中，参加退耕还林情况对总体样本农户林业劳动力影响在 1% 统计水平上显著，影响系数为 1.8238。其中，对黄河流域和长江流域样本农户影响系数分别为 2.0140 和 1.6486，且均在 1% 统计水平上显著。模型（3）和模型（4）中，参加退耕地造林面积对总体样本农户林业劳动力影响在 1% 统计水平上显著，影响系数为 0.3052。其中，对黄河流域和长江流域样本农户影响系数分别为 0.3157 和 0.2911，且均在 1% 统计水平上显著。这说明样本农户参与退耕还林后显著地增加了林业劳动力投入，这是由于退耕地造林和荒山匹配造林导致了林地面积大量增加，而黄河流域由于退耕地造林和荒山匹配造林面积大，以及参与退耕还林时间较早，所以其劳动力变化受影响程度大于长江流域。其次，模型（5）和模型（6）中，参加退耕情况对总体样本农户种植业劳动力影响系数为 0.0110，无统计显著性。其中，对黄河流域和长江流域样本农户影响系数分别为 0.4010 和 -0.3429，均在 5% 的统计水平上显著。模型（7）和模型（8）中，退耕地造林面积对总体样本农户种植业劳动力影响系数为 -0.0140，且无统计显著性，其中，对黄河流域样本农户影响系数为 0.0366，无统计显著性，而对

表5—6 退耕还林工程对农户林业、种植业、畜牧渔业劳动力影响的经验性结果

被解释变量	林业劳动力				种植业劳动力				畜牧渔业劳动力			
	(1)	(2)	(3)	(4)	(5)	(6)	(7)	(8)	(9)	(10)	(11)	(12)
参加退耕情况（是=1；否=0）	1.8238***(0.1868)				0.0110(0.1132)				0.0771(0.1150)			
其中：黄河流域参加退耕情况		2.0140***(0.2326)				0.4010**(0.1565)				0.4012**(0.1579)		
长江流域参加退耕情况		1.6486***(0.2586)				-0.3429**(0.1420)				-0.2206(0.1463)		
退耕地造林面积（亩）			0.3052***(0.0313)				-0.0140(0.0195)				-0.0007(0.0196)	
其中：黄河流域退耕地造林面积				0.3157***(0.0361)				0.0366(0.0261)				0.0379(0.0262)
长江流域退耕地造林面积				0.2911***(0.0475)				-0.0787***(0.0252)				-0.0509**(0.0256)
年份固定效应	YES	YES	YES	YES	YES	YES	YES	YES	YES	YES	YES	YES
农户固定效应	YES	YES	YES	YES	YES	YES	YES	YES	YES	YES	YES	YES
样本控制变量	YES	YES	YES	YES	YES	YES	YES	YES	YES	YES	YES	YES
R^2	0.1241	0.1246	0.1245	0.1246	0.0638	0.0683	0.0639	0.0678	0.0652	0.0683	0.0650	0.0674
样本量（个）	11180	11180	11180	11180	11180	11180	11180	11180	11180	11180	11180	11180

注：*、**、***分别表示参数估计值在10%、5%、1%的统计水平上显著。

长江流域样本农户影响系数为 - 0.0787，在 1% 统计水平上显著。这说明参加退耕还林工程初期，由于拥有耕地面积大和"恋土"情结，退耕后黄河流域样本农户并未减少对剩余耕地的劳动力投入量。而长江流域样本农户由于耕地面积少且对耕地依赖性小，退耕后对种植业劳动力投入显著减少。模型（9）、模型（10）、模型（11）和模型（12）中，退耕参加情况和退耕地造林面积对总体样本农户畜牧渔业劳动力无显著影响。但分区域来看，参加退耕情况对黄河流域样本农户影响系数为 0.4012，且在 5% 的统计水平上显著，对长江流域影响为负且无统计显著性；退耕地造林面积对黄河流域样本农户影响系数为 0.0379，且无统计显著性，对长江流域影响系数为 - 0.0509，且在 5% 的统计水平上显著。

表 5 - 7 显示，模型（1）和模型（2）中，参加退耕还林工程显著增加了样本农户以土地为基础的劳动力投入，影响系数为 0.2612，且在 5% 的统计水平上显著。模型（3）和模型（4）中，退耕地造林面积也对样本农户以土地为基础的劳动力投入具有正向影响，边际弹性系数为 0.0381。此外，模型（5）和模型（6）中，样本农户参加退耕还林工程的时间越长，其以土地为基础的劳动力投入越多。退耕还林工程对样本农户的上述影响在黄河流域和长江流域具有显著差异，对黄河流域的影响均为正，且在 1% 的统计水平上显著，退耕还林工程在长江流域的影响均不显著。

表 5 - 7　　退耕还林工程对农户以土地为基础劳动力影响的经验性结果

变量	以土地为基础劳动力					
	（1）	（2）	（3）	（4）	（5）	（6）
参加退耕情况 （是 =1；否 =0）	0.2612 ** (0.1047)					
其中：黄河流域参加退耕 情况		0.6760 *** (0.1439)				
长江流域参加退耕 情况		- 0.1199 (0.1344)				

续表

变量	以土地为基础劳动力					
	(1)	(2)	(3)	(4)	(5)	(6)
退耕地造林面积（亩）			0.0381 ** (0.0177)			
其中：黄河流域退耕地造林 面积				0.0902 *** (0.0238)		
长江流域退耕地造林 面积				− 0.0298 (0.0231)		
参加退耕年数（年）					0.0563 ** (0.0224)	
其中：黄河流域参加退耕 年数						0.1182 *** (0.0279)
长江流域参加退耕 年数						− 0.0211 (0.0297)
年份固定效应	YES	YES	YES	YES	YES	YES
农户固定效应	YES	YES	YES	YES	YES	YES
样本控制变量	YES	YES	YES	YES	YES	YES
R^2	0.0563	0.0627	0.0559	0.0611	0.0567	0.0746
样本量（个）	11180	11180	11180	11180	11180	11180

注：* 、** 、*** 分别表示参数估计在10% 、5% 、1% 的统计水平上显著。

5.5.2 退耕还林对农户非农劳动力影响经验性结果

为了研究退耕还林参与情况及黄河流域和长江流域参与情况、退耕地造林面积及黄河流域和长江流域退耕地造林面积对农户非农劳动力配置的影响，本节进行了非农劳动力的空间影响分析。

一般而言，当农户的部分或全部劳动时间从种植业中释放出来之后，他们会转向林业、畜牧渔业等其他以土地为基础的行业，也可能是非农行业，比如外出务工或从事非农经营活动。若如此，非农劳动力应当增加，实证结果基本符合预期。但实际上，我国退耕区域范围较广，涉及黄河流域和长江流域，且地理环境、交通和文化教育各异。因此，退耕还林工程对不同区域非农劳动力影响的差异显著。在表5－8模型（1）和模型（3）中，参加退耕情况对总体样本农户非农劳动力影响系数是0.2943，不具有统计显著性；退耕地造林面积的影响系数为0.0688，在10%的统计水平上显著。模型（2）和模型（4）中，参加退耕情况对黄河流域样本农户非农劳动力的影响系数是0.6434，在1%的统计水平上显著，而对长江流域样本农户无统计显著性。退耕地造林面积对黄河流域样本农户非农劳动力的影响系数是0.1076，在5%的统计水平上显著，而对长江流域样本农户无统计显著性。这说明退耕还林工程对样本农户非农劳动力影响具有显著空间差异，其中对黄河流域的影响为正向显著。可能的原因是长江流域相对于黄河流域而言，生态环境、人力资本和社会资本较强，以及地理位置和交通更为便利，退耕还林前样本农户的非农劳动力转移机会就较多。所以，退耕还林工程实施后对长江流域样本农户非农劳动力影响不显著。

表5－8　　　　退耕还林工程对农户非农劳动力影响的经验性结果

变量	非农劳动力			
	（1）	（2）	（3）	（4）
参加退耕情况（是 =1；否 =0）	0.2943 （0.2171）			
其中：黄河流域参加退耕情况		0.6434 *** （0.2767）		
长江流域参加退耕情况		－ 0.265 （0.2994）		
退耕地造林面积（亩）			0.0688 * （0.0364）	
其中：黄河流域退耕地造林面积				0.1076 ** （0.0440）
长江流域退耕地造林面积				0.0181 （0.0541）

变量	非农劳动力			
	(1)	(2)	(3)	(4)
年份固定效应	YES	YES	YES	YES
农户固定效应	YES	YES	YES	YES
样本控制变量	YES	YES	YES	YES
R^2	0.1036	0.1047	0.1041	0.1048
样本量（个）	11180	11180	11180	11180

注：*、**、***分别表示参数估计在10%、5%、1%的统计水平上显著。

5.5.3 退耕还林年数对农户林业、种植业、畜牧渔业和非农劳动力影响经验性结果

退耕还林工程实施的年限跨度很大，为详细了解工程实施不同阶段对农户林业、种植业、畜牧渔业和非农劳动力的影响，将退耕还林工程对农户林业、种植业、畜牧渔业和非农劳动力的时间影响逐年回归，经验性回归结果见表5-9。

表5-9　　　　退耕还林年数对农户林业、种植业、畜牧渔业和
非农劳动力影响的经验性结果

变量	林业劳动力	种植业劳动力	畜牧渔业劳动力	非农劳动力
退耕第1年	3.0911 *** (0.1993)	−0.0524 (0.1072)	0.0405 (0.1070)	0.6653 *** (0.2162)
退耕第2年	2.9494 *** (0.2085)	0.0013 (0.1357)	0.1282 (0.1356)	0.8290 *** (0.2452)
退耕第3年	2.6513 *** (0.2387)	0.0311 (0.1596)	0.0383 (0.1644)	0.6351 ** (0.2940)
退耕第4年	2.8426 *** (0.2563)	0.1234 (0.1847)	0.2186 (0.1900)	0.7332 ** (0.3114)
退耕第5年	2.9669 *** (0.2904)	0.1279 (0.1914)	0.2051 (0.1970)	0.6833 ** (0.3440)

续表

变量	林业劳动力	种植业劳动力	畜牧渔业劳动力	非农劳动力
退耕第 6 年	2.7818 *** (0.3160)	− 0.0275 (0.1914)	0.1059 (0.1954)	0.4836 (0.3904)
退耕第 7 年	2.2848 *** (0.3308)	− 0.1971 (0.2092)	− 0.0242 (0.2107)	0.4983 (0.4080)
退耕第 8 年	2.1988 *** (0.3386)	− 0.1284 (0.2289)	0.0424 (0.2325)	0.4683 (0.4312)
退耕第 9 年	1.9118 *** (0.3670)	− 0.1554 (0.2517)	0.0913 (0.2537)	0.0120 (0.4536)
退耕第 10 年	2.0164 *** (0.3870)	− 0.0023 (0.2375)	0.2021 (0.2404)	0.4520 (0.4785)
退耕第 11 年	2.2747 *** (0.4051)	− 0.2535 (0.2632)	− 0.0627 (0.2632)	0.2310 (0.5248)
退耕第 12 年	1.1905 *** (0.4295)	− 0.4425 (0.2779)	− 0.3497 (0.2754)	− 0.1825 (0.5505)
退耕第 13 年	− 0.3298 (0.4676)	− 0.8342 ** (0.3241)	− 0.8510 *** (0.3222)	− 0.6937 (0.6163)
退耕第 14 年	− 0.5451 (0.5315)	− 1.3675 *** (0.4142)	− 1.5797 *** (0.4108)	− 0.9562 (0.7049)
退耕第 15 年	− 1.0805 * (0.5710)	− 0.7479 * (0.4142)	− 1.1541 *** (0.4195)	− 1.0468 (0.7691)
退耕第 16 年	− 1.8378 *** (0.6776)	− 1.0458 ** (0.4055)	− 1.4189 *** (0.5162)	− 1.5144 (0.9428)
年份固定效应	YES	YES	YES	YES
农户固定效应	YES	YES	YES	YES
样本控制变量	YES	YES	YES	YES
R^2	0.1734	0.0632	0.0745	0.1088
样本量（个）	11180	11180	11180	11180

注：* 、** 、*** 分别表示参数估计在 10% 、5% 、1% 的统计水平上显著。

样本农户参加退耕还林工程第 1～12 年，退耕还林工程对样本农户林业劳动力影响系数为正，且在 1% 的统计水平上显著。这是样本农户参与退耕还林工程后林地面积增加及获取了退耕补贴的缘故。这说明退耕还林工程对样本农户林业劳动力正向影响具有一定时期的持续性。因此，随着参加退耕还林工程时间的增加，样本农户的林业劳动力投入增大。退耕还林年数对样本农户种植业劳动力的影响系数在退耕第 1 年为负，这是因为退耕还林政策规定退耕补贴发放的前提是样本农户须承担在退耕还林地和宜林荒山荒地的植林种草任务，且造林成活率须达到 85% 以上。之后退耕第 2～5 年，由于退耕还林和荒山造林任务基本完成，退耕还林年数对样本农户种植业劳动力影响系数为正，表明此时样本农户开始增加种植业劳动力投入。这与黄河流域样本农户退耕前耕地面积较大，短期内较难脱离对耕地的依赖性有关；而且黄河流域生态环境恶劣，自然灾害频繁（旱年较多），所以在缺乏其他收入来源的情况下，农户增加种植业劳动力精耕细作以保证粮食消费的配置。之后几年影响系数开始为负，特别是退耕第 13～16 年负向影响显著，系数分别为 -0.8342、-1.3675、-0.7479 和 -1.0458。这可能是经过一段时期的适应和政府加强了对样本农户相关技术培训，样本农户劳动力开始从种植业向其他行业转移，获取了其他收入，逐渐脱离对种植业的依赖。退耕还林工程对样本农户畜牧渔业劳动力的影响系数在退耕第 1～6 年为正，且无统计显著性，退耕第 7～12 年影响系数为负，且无统计显著性，退耕第 13～16 年影响系数为负，且在 1% 的统计水平上显著。这说明退耕还林初期样本农户部分劳动力从种植业转移到畜牧渔业，这可能是因为样本农户参与退耕还林工程初期有更多时间（造林和育林的需要）待在家里，从而扩大了畜牧渔业生产。这与徐晋涛等（2004）观点一致。之后随着退耕还林工程的进一步实施，样本农户劳动力逐渐退出畜牧渔业生产，转向其他行业。

另外，退耕第 1～5 年退耕还林工程显著增加了样本农户非农就业。其中退耕第 2 年增加作用最明显，影响系数为 0.8290，且在 1% 的统计水平上显著。退耕第 6～11 年影响系数为正，且无统计显著性；退耕第 12～16 年，退耕还林工程对样本农户非农就业的影响系数为负，且无统计显著性。这说明退耕还林工程实施前期，退耕还林补贴和政府的技能培训对样本农户非农就业增加作用明显，但随着退耕补贴到期和政府农业补贴等其他优惠政策的实施，使得样本农户的非农转移减弱。

5.6　退耕还林工程对农户资本要素配置影响的实证分析

参与退耕还林后样本农户种植业资本投入发生了一定程度的改变。退耕还林工程通过政策补贴引导样本农户将种植业用地转化为以生态林为主的林地，使得样本农户对生产要素进行重新配置。退耕还林工程对样本农户减少的耕地面积提供了补贴，相当于增加了样本农户的收入，这可能会对样本农户的资本投入产生一定影响。李成贵（1992）指出，资金日益成为约束农户经济行为的重要因素，资金短缺必然会限制农户应用科学技术和先进生产资料，而若资金雄厚必然会使农户选择边际效益高同时风险也大的新技术，追求利润最大化。汪阳洁、姜志德等（2012）认为退耕补贴显著降低了参与退耕农户的种植业生产投入积极性，非农就业、退耕规模则对农户种植业生产投入积极性有显著负面影响。刘浩、刘俊昌等（2020）认为农户参与退耕还林工程后以土地为基础的生产费用减少了 11.41%，而新一轮退耕还林政策的实施促使农户对农地资本投入平均增加 8.7%（黄杰龙等，2020）。

本节资本要素配置行为是指样本农户作为投资主体为种植业、林业、畜牧渔业和非农经营行为扩大再生产（即改善生产条件，扩大生产能力）的资金投入，包括种植业资本投资、林业资本投资、畜牧渔业资本投资和非农资本投资（由于样本农户的自主经营活动比重较小，且自主经营活动费用的统计难度较大，故不考虑非农资本投入）。结合理论分析、文献分析以及实地调研数据所反映的样本农户资本要素配置情况，将样本农户林业资本、种植业资本、畜牧渔业资本和以土地为基础资本作为考察其资本配置行为的被解释变量。从时间和空间角度，对退耕还林政策变量分别设置了退耕还林参与、退耕造林面积及退耕还林年数，分黄河流域和长江流域，科学、合理地考察样本农户的资本配置行为，以满足对政策变量和环境经济变量的考察要求。为了便于分析，采用农村居民消费指数和农业生产资料价格指数，将有关价值指标统一折算为 1995 年不变价。需要特别指出的是，本节以土地为基础资本，涉及种植业、林业和畜牧渔业，具体包括种子、种苗和幼雏费用、化肥和农药费用、雇工费和灌溉费等。总之，依据生产要素配置等理论，本节对退耕还林工程对样本农户资本要素配置行为动态变化进行研究，并重点探讨不同区域和不同时间的影响差异，对于深入探讨农户资本要素配置行为机理具有重要的理论意义，并可为农户退耕还林政策的设计和优化提供研究基础。

基于样本数据，本节通过实证方法估计了退耕还林工程对不同退耕区域和不同退耕时间样本农户的林业、种植业、畜牧渔业和以土地为基础的资本配置影响。退耕还林工程对样本农户资本配置的影响可能存在差异。退耕还林工程在不同区域实施效果可能不一样，存在空间差异。退耕还林工程在不同实施阶段对样本农户资本配置影响也可能不同，存在时间差异。由于本节主要讨论退耕还林工程对样本农户资本配置的时空影响，所以农户户主与家庭禀赋特征、村庄特征和市场环境等对样本农户资本配置的影响分析暂不赘述。

5.6.1 退耕还林对农户林业、种植业、畜牧渔业和以土地为基础资本配置影响经验性结果

退耕还林使农户将坡耕地和沙化地转为林地，耕地面积减少而质量增加。对此，是否引起以及如何引起农户林业、种植业和畜牧渔业资本配置变化？我国退耕区范围广，涉及黄河和长江流域，地理环境、交通和文化各异，因此，退耕还林工程对两流域样本农户林业、种植业、畜牧渔业和以土地为基础资本配置影响是否呈空间差异性？退耕还林参与情况及黄河流域和长江流域参与情况、退耕地造林面积及黄河流域和长江流域退耕地造林面积对样本农户各行业资本配置的空间影响分析结果见表 5 – 10。

表5-10　退耕还林工程对农户林业、种植业和畜牧渔业资本投入影响的经验性结果

变量	林业资本				种植业资本				畜牧渔业资本			
	(1)	(2)	(3)	(4)	(5)	(6)	(7)	(8)	(9)	(10)	(11)	(12)
参加退耕情况（是=1；否=0）	0.4648*** (0.1642)				-0.2705** (0.1098)				0.3016* (0.1803)			
其中：参加退耕情况（黄河流域）		-0.2215 (0.2430)				-0.1359 (0.1292)				0.7676*** (0.2171)		
参加退耕情况（长江流域）		1.0193*** (0.1878)				-0.3927*** (0.1496)				-0.1266 (0.2398)		
退耕地造林面积（亩）			0.0623** (0.0287)				-0.0491*** (0.0187)				0.0579** (0.0294)	
其中：退耕地造林面积（黄河流域）				-0.0328 (0.0386)				-0.0352 (0.0218)				0.1102*** (0.0345)
退耕地造林面积（长江流域）				0.1723*** (0.0345)				-0.0668** (0.0264)				-0.0103 (0.0416)
年份固定效应	YES	YES	YES	YES	YES	YES	YES	YES	YES	YES	YES	YES
农户固定效应	YES	YES	YES	YES	YES	YES	YES	YES	YES	YES	YES	YES
样本控制变量	YES	YES	YES	YES	YES	YES	YES	YES	YES	YES	YES	YES
R^2	0.0985	0.1039	0.0978	0.1286	0.0865	0.0869	0.0867	0.0869	0.0686	0.0709	0.0688	0.0703
样本量（个）	11180	11180	11180	11180	11180	11180	11180	11180	11180	11180	11180	11180

注：*，**，***分别表示参数估计在10%、5%、1%的统计水平上显著。

模型（1）和模型（2）中，参加退耕情况对总体样本农户林业资本影响系数为0.4648，在1%统计水平上显著。其中，长江流域样本农户影响系数为1.0193，且在1%统计水平上显著，黄河流域样本农户影响系数为 - 0.2215，无统计显著性。模型（3）和模型（4）中，退耕地造林面积对总体样本农户林业资本影响系数为0.0623，在5%统计水平上显著。其中，长江流域样本农户影响系数为0.1723，且在1%统计水平上显著，黄河流域样本农户影响系数为 - 0.0328，无统计显著性。这说明退耕还林工程显著地增加了长江流域林业资本投入，而减少了黄河流域林业资本投入。可能是因为长江流域气候条件优于黄河流域，样本农户加大林业资本投入可以获得更多林产品收入。模型（5）和模型（6）中，参加退耕情况对总体样本农户种植业资本影响系数是 - 0.2705，在5%统计水平上显著。其中，对黄河流域样本农户影响系数为 - 0.1359，无统计显著性，对长江流域影响系数为 - 0.3927，且在1%统计水平上显著。模型（7）和模型（8）中，退耕地造林面积对总体样本农户种植业资本影响系数为 - 0.0491，在1%统计水平上显著。其中，对黄河流域样本农户影响系数为 - 0.0352，无统计显著性，而对长江流域样本农户影响系数为 - 0.0668，且在5%统计水平上显著。这说明退耕还林工程显著减少了总体样本农户种植业资本投入，但对长江流域的影响大于对黄河流域的影响。可能的原因，一是长江流域样本农户对耕地依赖性低于黄河流域，二是长江流域样本农户从种植业转移到其他行业的动机和能力强于黄河流域。模型（9）和模型（10）中，参加退耕情况对总体样本农户畜牧渔业资本影响系数是0.3016，在10%统计水平上显著。其中，对黄河流域样本农户影响系数为0.7676，且在1%统计水平上显著，对长江流域样本农户影响系数为 - 0.1266，无统计显著性。模型（11）和模型（12）中，退耕地造林面积对总体样本农户畜牧渔业资本影响系数是0.0579，在5%统计水平上显著。其中对黄河流域影响系数为0.1102，且在1%统计水平上显著，对长江流域影响系数为 - 0.0103，无统计显著性。这说明退耕还林工程对样本农户畜牧渔业资本投入产生了显著影响，其中显著增加了黄河流域样本农户的畜牧渔业资本投入，这可能是因为畜牧渔业主要分布在我国黄河流域。

　　表 5 – 11 显示，模型（1）和模型（2）中，退耕还林工程显著减少了样本农户以土地为基础的资本投入，影响系数为 – 0. 1928，且在 10% 的水平上显著。退耕还林工程对样本农户以土地为基础资本投入的负向影响主要反映于长江流域，且同时体现于长江流域样本农户是否参加工程、参加面积和参加时间的影响上。

表 5 – 11　退耕还林工程对农户以土地为基础资本投入影响的经验性结果

变量	以土地为基础资本					
	（1）	（2）	（3）	（4）	（5）	（6）
参加退耕情况（是 =1；否 =0）	– 0. 1928 * （0. 1043）					
其中：黄河流域参加退耕情况		0. 1298 （0. 1120）				
长江流域参加退耕情况		– 0. 4892 *** （0. 1424）				
退耕地造林面积（亩）			– 0. 0242 （0. 0172）			
其中：黄河流域退耕地造林面积				0. 0218 （0. 0179）		
长江流域退耕地造林面积				– 0. 0842 *** （0. 0250）		
参加退耕年数（年）					– 0. 0603 ** （0. 0242）	
其中：黄河流域参加退耕年数						0. 0544 ** （0. 0265）
长江流域参加退耕年数						– 0. 0796 *** （0. 0300）
年份固定效应	YES	YES	YES	YES	YES	YES
农户固定效应	YES	YES	YES	YES	YES	YES
样本控制变量	YES	YES	YES	YES	YES	YES
R^2	0. 0279	0. 0309	0. 0276	0. 0308	0. 0290	0. 0384
样本量（个）	11180	11180	11180	11180	11180	11180

　　注：* 、** 、*** 分别表示参数估计在 10% 、5% 、1% 的统计水平上显著。

5.6.2 退耕还林年数对农户林业、种植业和畜牧渔业资本配置影响经验性结果

退耕还林工程实施的年限跨度很大，为详细地分析退耕还林工程实施不同阶段对样本农户林业、种植业、畜牧渔业资本配置的影响，将退耕还林工程对样本农户林业、种植业、畜牧渔业配置的时间影响逐年回归，经验性结果见表 5 – 12。

表 5 – 12 　　　　退耕还林年数对农户林业、种植业和畜牧渔业

资本投入影响的经验性结果

变量	林业资本	种植业资本	畜牧渔业资本
退耕第 1 年	1.0434 *** (0.1896)	- 0.1540 (0.1123)	0.3459 ** (0.1672)
退耕第 2 年	1.1585 *** (0.1999)	- 0.2415 * (0.1359)	0.4109 ** (0.1912)
退耕第 3 年	0.8829 *** (0.2095)	- 0.3575 ** (0.1555)	0.3716 (0.2417)
退耕第 4 年	0.7919 *** (0.2327)	- 0.5211 *** (0.1766)	0.4428 (0.2882)
退耕第 5 年	1.0726 *** (0.2615)	- 0.3788 ** (0.1772)	0.3376 (0.3203)
退耕第 6 年	0.9238 *** (0.2684)	- 0.4471 ** (0.1993)	0.3164 (0.3601)
退耕第 7 年	0.7897 *** (0.2837)	- 0.7192 *** (0.2326)	0.4607 (0.3988)
退耕第 8 年	0.7027 ** (0.2953)	- 0.9194 *** (0.2479)	0.2870 (0.4163)
退耕第 9 年	0.5692 * (0.3154)	- 1.1452 *** (0.2770)	0.65554 (0.4521)
退耕第 10 年	- 0.0432 (0.3192)	- 0.7620 *** (0.2721)	0.9595 ** (0.4764)

变量	林业资本	种植业资本	畜牧渔业资本
退耕第 11 年	−0.0730 (0.3458)	−0.9237 *** (0.3092)	0.8218 * (0.4908)
退耕第 12 年	−0.5334 (0.3816)	−0.9263 ** (0.3408)	0.9429 * (0.5317)
退耕第 13 年	−0.7441 *** (0.2643)	−0.5826 (0.3768)	0.9223 (0.6047)
退耕第 14 年	−1.6061 *** (0.3268)	−0.8995 (0.4922)	0.2051 (0.7130)
退耕第 15 年	−3.1612 *** (0.4697)	−0.5610 (0.5330)	0.1965 (0.7256)
退耕第 16 年	−3.7836 *** (0.5731)	−0.2181 (0.6162)	0.2608 (0.8215)
年份固定效应	YES	YES	YES
农户固定效应	YES	YES	YES
样本控制变量	YES	YES	YES
R^2	0.1286	0.0928	0.0707
样本量（个）	11180	11180	11180

注：* 、** 、*** 分别表示参数估计在 10% 、5% 、1% 的统计水平上显著。

退耕第 1~9 年，退耕还林工程对样本农户林业资本投入的影响系数为正，分别在 1% 、5% 和 10% 的统计水平上显著；其影响系数也从退耕第 1 年的 1.0434 减少为退耕第 9 年的 0.5692，减幅为 45.45%，之后逐渐变为影响不显著。退耕第 13~16 年，其影响系数为负，且在 1% 统计水平上显著。这可能是因为，退耕还林工程实施初期退耕还林地造林和荒山匹配造林使样本农户林地面积大量增加，从而持续地增加了样本农户的林业资本投入。但随着造林任务完成及林地面积资本投入量有限，样本农户林业资本投入显著减少。退耕第 1~16 年，退耕还林工程对样本农户种植业资本的影响系数均为负，影响系数呈现先升后降趋势，且在退耕第 1 年不具有统计显著性，退耕第 2～12 年具有统计显著性。这是因为退耕还林工程实施初期，黄河流域样本农户短期内对耕地仍有依赖性，所以样本农户种植业资本减少不明显。经过退耕还林适应期及政府实施相关技能培训后，样本农户提高了生产能力后逐渐脱离对种植业的依赖，其种植业资本投入开始明显减少。退耕还林工程对样本农户畜牧渔业资本投入的影响系数为正，且分别在退耕第 1 年、第 2 年、第 10 年、第 11 年、第 12 年在 5% 和 10% 的统计水平上显著。这说明退耕还林工程持续地增加了样本农户畜牧渔业资本投入，但显著性存在时间差异。这可能是因为退耕还林工程实施初期样本农户有更多时间（造林和育林的需要）待在家里，从而扩大了畜牧渔业生产投入（与退耕还林工程对样本农户劳动力配置影响结果相同）。之后随着退耕还林工程的进一步实施，工程对样本农户畜牧渔业资本投入的影响存在显著差异，这可能是因为样本农户参与退耕还林工程的时间不同。

第6章 退耕还林工程对农户生产效率的影响分析

依据前文的研究结果，我国退耕还林工程对农户生产要素投入有显著的影响效果，且不同退耕政策调整对农户的土地、劳动力以及资本要素投入影响效果不同。对此，可以推断退耕还林工程将对农户生产效率产生相关影响，即退耕还林工程的实施使农户土地利用结构发生了明显变化，进而将推动劳动力和资本要素配置与土地规模相适应以使农户生产效率产生变化。

效率是经济学重点关注的问题之一，是衡量资源利用最大化能力的一项标准，是实现经济、社会与环境协调发展的有力保障。索洛（1957）提出的理论认为，经济增长是增加生产要素投入与提高生产效率共同作用的结果。但经济增长的根本原因是经济主体生产效率的提高，而不能简单地把增加生产要素投入引起的产出增加看成经济增长。以此观点来看，农户收入增加的根本动力在于农户生产效率的提高。因此，要实现退耕还林工程的环境保护和农户增收双重目标，根本途径在于提高农户生产效率。在研究林业投入产出效率方面，国外学者起步较早且大多通过数据包络分析（DEA）方法进行研究。芝（Shiba，1997）、维尔塔拉和詹尼宁（Viitala and Janninen，1998）以日本森林所有者协会和森林委员会所经营的林业为研究对象，通过 DEA 方法对其投入产出效率进行了评价；福蒂欧（Fotiou，2000）、李（Lee，2008）和拉赫（Kao，2009）研究涉及森工企业投入产出效率时也选择使用了 DEA 模型。而我国学者较早定量研究林业生产效率的有：刘璨（2003）以金寨为案例县，对我国森林资源丰富地区的农户生产效率进行了研究；刘璨等

（2005）在对苏北地区农田林网和小片林对种植业、畜牧业和农业产值的生态贡献率进行测算时，使用了随机前沿生产函数和超越对数生产函数方法；臧良震等（2016）利用 Malmquist 指数法等方法，测算了中国林业全要素生产率并对时空格局演化进行了分析。也有学者研究了退耕还林工程对农户影响的地域差异性，如赵敏娟等（2012）对 2009 年陕西吴起、定边和甘肃华池三县农户退耕还林工程实施后的技术效率加以测算，各县测算结果不同，说明退耕还林政策执行存在显著地域差异，需因地制宜。而宋长鸣等（2012）采用参数方法对林业劳动力要素及资本要素的产出弹性进行了估算，并对各省区的林业技术效率进行了测量，结果表明存在技术效率损失，且林业技术效率在不同省区之间差异性并不显著。

综上所述，关于退耕还林工程对我国农户生产投入产出效率影响的相关研究不多，且基于农户视角对退耕还林工程对生产效率的评估与相关研究也一直不足。考虑到政策实施环境可能对退耕还林工程对农户生产要素调整路径和结果产生影响不同，已有研究仍存在亟待改善之处，主要表现为缺乏对退耕还林工程对农户生产效率影响的时空差异和群体差异分析。而退耕还林工程能否通过激励农户对土地、劳动力和资本要素的配置优化，以及使用先进技术实现资本对劳动力要素的替代而提高生产效率，并最终促进农户增收，这是评价退耕还林工程是否成功的重要方面。所以，在第 5 章分析了退耕还林工程对农户生产要素配置影响的基础上，本章试图进一步考察退耕还林工程对农户生产效率的影响。农户的土地产出主要依赖于土地上的不同生产要素配置，[①] 所以在退耕还林工程显著地影响了农户土地利用方式之时，退耕还林工程也可能通过农户生产要素配置决策和技术选择的作用来影响农户生产效率及收入。

鉴于此，从农户层面，本章运用 DEA – Malmquist 指数方法测算与分解了样本农户参与退耕还林工程后的总全要素生产率和种植业全要素生产率，

---

① 马贤磊. 农地产权安全性对农业绩效影响：投资激励效应和资源配置效应——来自丘陵地区三个村庄的初步证据 [J]. 南京农业大学学报（社会科学版），2010，10（4）：72 – 79.

并将两者分别划分为不同等分组群来分析组群之间生产效率的差异。然后利用 Tobit 计量模型分析了退耕还林工程对样本农户总生产效率和种植业生产效率的影响。本章采用长期平衡面板数据进行计量经济学分析，数据选自于我国不同区域的 4 省 8 县，共计 559 户样本农户。数据涉及年度为 1995 ~ 2014 年。

6.1　理论分析与研究假设

首先，退耕还林工程改变了农户的土地利用结构，从而促使其生产要素再配置，而生产要素的充分流动和优化配置有利于农户收入增长。这是因为生产要素配置的不断优化提高了农户生产效率。其次，劳动生产率是效率的具体体现，而自然条件是影响生产效率的因素之一，如土壤质量、气候条件等。退耕还林工程的实施在改善生态环境的同时，提高了耕地质量和改善了农业生产条件。再其次，效率衡量的是产出与投入之间的关系。在投入一定时，与退耕前的劣质耕地相比，退耕还林工程提高了土地生产力，从而提高了农户劳动生产率。农户的劳动生产率越高，在单位时间内创造的产出就会越高，而产出的增加反过来又会促进生产效率提高。最后，退耕还林工程的实施加速了土地流转，促进了土地的合理利用，实现规模化经营，便于使用机械化工具，减少生产要素的投入，同时有利于集中有限的财力、物力，加强基本农田建设，实现集约化经营，从而降低生产成本，提高生产效率。这也符合经济与生态可持续发展理论的要求。此外，生产效率提高还取决于生产主体的水平，也就是农户自身条件。马歇尔效率理论认为生产者身体的活力以及生产者的能力是影响效率的重要因素，而生活环境则是影响生产者身体活力及能力的重要因素。退耕还林工程改变了农户生产生活环境，生态效益明显，如净化空气和涵养水源等，从而提高了农户的身体活力。国家还向参与退耕农户提供各种技能培训与先进生产技术的支持，提高了生产者的能力。人力资本水平代表着农户知识水平和技术创新能力，而人力资本水平提高是通过影响技术改革和要素使用效率来促进生产效率增长。参与退耕农户拥有更充沛的身体活力与更高水平的生产能力,共同促进了生产效率的提高。

为此,本书提出研究假设:退耕还林工程对农户生产效率提高有促进作用,且这种促进作用因退耕还林政策的时空变化而不同。利用 1995 ~ 2014 年工程实施的 20 年数据,本章将区分黄河流域和长江流域及不同等分组研究退耕还林工程对农户生产效率影响的空间差异和组群差异,以及通过设置退耕还林年数虚拟变量,动态考察工程对农户生产效率影响的时间差异。

6.2 研 究 方 法

本章的研究内容是退耕还林工程对样本农户的总生产效率和种植业生产效率的影响分析。农户生产效率提高取决于技术效率与技术进步共同作用(Coelli et al.,1998)。而对技术效率分解获得规模效率与纯技术效率。由于存在规模经济与规模不经济,因此规模效率为生产绩效的内在成分。与此同时,技术进步是生产力增长的内在动力,具体表现为生产可能曲线由里向外的移动(Lovell,1993)。

投入产出比、随机前沿生产函数法(SFA)和 DEA 方法是目前学术界测算生产效率的三种主要方法(谢洪军等,2006)。DEA 技术是一种国际通用的效率分析技术,其主要优势是能进行多投入、多产出分析,因为它既不需要考虑指标间的单位差异,也不需要设置具体生产函数(魏权龄,2007)。本章应用 DEA – Malmquist 指数法计算全要素生产率(TFP),这是因为全要素生产率为评价生产效率的主要指标和重要方法。全要素生产率解决的是经济单元中生产投入要素众多,产出也存在多样化方式的问题。全要素生产率也常常被称为技术进步率,它涵盖了技术水平、知识文化、组织管理能力和规模经济等方面的改善,而不能把它等同于具体的劳动力、土地、资本生产要素的投入增长量,因此它所指的技术进步是非具体化的。因此,全要素生产率是指某项经济活动的所有生产要素投入量一定时,经济活动所增加的生产总量的比例。"全"在 TFP 这个概念中表示除因有形生产要素外其他因素所导致的经济活动增长的部分。因此，它是用来衡量在生产要素投入量一定时，某项经济活动生产率完全因"技术进步"而导致的增长。TFP 可分解为技术进步和技术效率。而技术效率可分解得到纯技术效率和规模效率。Malmquist 指数法[①]是一种优化的 DEA 方法，它是在研究跨时期的生产活动时，构造任何一个时期的生产最佳前沿面，同时利用无须设置具体行为目标的距离函数模型进行多投入和多产出分析。[②] 在以面板数据为基础的研究中，Malmquist 指数法被多数学者所采用（郑京海等，2002；林毅夫和刘培林，2003；刘璨等，2004；颜鹏飞和王兵，2004）。

因此，本章在测算农户总生产效率和种植业生产效率时，选择了 DEA - Malmquist 指数法。一个农户相当于一个生产决策单位，对比每一个农户的实际生产和最佳生产前沿面（或参考技术）可测算得出每个农户的技术效率变化和技术进步变化。对此，投入要求集、产出可能性集和曲线图三种等价方式均能够对最佳生产前沿面进行描述。[③]

基于投入的角度，本章对全要素生产率进行测算与分析，对此假设第 $k = 1, \cdots, K$ 个农户应用 $n = 1, \cdots, N$ 种投入 $x_{k,n}^t$，在每一个时期 $t = 1, \cdots, T$，获得第 $m = 1, \cdots, M$ 种的产出 $y_{k,m}^t$。基于固定规模报酬（C）和投入要素可处置（S）的前提，每一期的最佳生产前沿面可被转化为求解线性规划的问题：

$$L^t(y^t \mid C, S) = \left\{ (x_1^t, \cdots, x_N^t) : y_{k,m}^t \leqslant \sum_{k=1}^{K} z_k^t y_{k,m}^t, m = 1, \cdots, M; \right.$$

$$\left. \sum_{k=1}^{K} z_k^t x_{k,n}^t \leqslant x_{k,n}^t, n = 1, \cdots, N; z_k^t \geqslant 0, k = 1, \cdots, K \right\} \qquad (6-1)$$

① Fare R., Grosskopf S., Lindgren B., Roos P. Productivity Changes in Swedish Pharmacies 1980 - 1989: A Non-parametric Malmquist Approach [J]. Journal of Productivity Analysis, 1992 (3): 85 - 102.

② Rolf Fare, Daniel Primont. Multi-out Put Produetlon and Duailty: Theory and Applleatlon [M]. Boston/London/Dordreeht: Kluwer Aeademle Publishers, 1995.

③ Fare R., Grosskopf S., Norris M. Productivity Growth, Technical Progress and Efficiency Change in Industrialized Countries [J]. American Economic Review, 1994 (1): 66 - 73.

其中，z 表示每一个横截面观察值的权重。计算每一个农户基于投入的 Farrell 技术效率的非参数规划模型为：

$$F_i^t(y^t, x^t \mid C, S) = \min\theta^k \qquad (6-2)$$

从而使得：

$$\sum_{k=1}^{K} z_k^t x_{k,n}^t \leqslant \theta^k x_{k,n}^t, n = 1, \cdots, N; z_k^t \geqslant 0, k = 1, \cdots, K$$

$$y_{k,m}^t \leqslant \sum_{k=1}^{K} z_k^t y_{k,m}^t, m = 1, \cdots, M \qquad (6-3)$$

为了得到生产率随时间变化的 Malmquist 指数，我们引入距离函数。根据费雷等（Fare et al.，1994），距离函数是 Farrell 技术效率的倒数，从而可以定义参考技术 $L^t(y^t \mid C, S)$ 下的投入距离函数：

$$D_i^t(x^t, y^t) = 1/F_i^t(y^t, x^t \mid C, S) \qquad (6-4)$$

投入距离函数可以看作是某一生产点（x^t，y^t）向理想的最小投入点压缩的比例。当且仅当 $D_i^t(x^t, y^t) = 1$，（x^t，y^t）在生产前沿面上，生产在技术上是有效率的。如果 $D_i^t(x^t, y^t) > 1$，在时间 t，（x^t，y^t）在生产前沿面的外部，生产在技术上是无效的。在时间 $t+1$，把式子中的 t 替代为 $t+1$ 便可得到此时的距离函数 $D_i^{t+1}(x^{t+1}, y^{t+1})$。

根据卡夫等（Caves et al.，1982），基于投入的全要素生产率指数可以用 Malmquist 指数来表示：$M_i^t = D_i^t(x^t, y^t)/D_i^{t+1}(x^{t+1}, y^{t+1})$。

Malmquist 指数可以被分解为相对技术效率的变化和技术进步的变化。[1] 在实证研究中，有两种分解 Malmquist 指数的思路（Ray and Desli，1997；Fare et al.，1997）。为了得到以 t 期为基期的 $t+1$ 期的全要素生产率，我们利用费雷等（1997）的思路，按照费舍尔等（Fisher et al.，1922）的思想，用两个 Malmquist 指数的几何平均值来计算生产率的变化。

---

[1] Fare R., Grosskopf S., Lindgren B., Roos P. Productivity Changes in Swedish Pharmacies 1980 – 1989: A Non-parametric Malmquist Approach [J]. Journal of Productivity Analysis, 1992 (3): 85 – 102.

$$M_i(x^{t+1}, y^{t+1}; x^t, y^t) = \left[\frac{D_i^t(x^t, y^t)}{D_i^t(x^{t+1}, y^{t+1})} \times \frac{D_i^{t+1}(x^t, y^t)}{D_i^{t+1}(x^{t+1}, y^{t+1})} \right]^{1/2}$$

$$= \frac{D_i^t(x^t, y^t)}{D_i^t(x^{t+1}, y^{t+1})} \left[\frac{D_i^{t+1}(x^{t+1}, y^{t+1})}{D_i^t(x^{t+1}, y^{t+1})} \times \frac{D_i^{t+1}(x^t, y^t)}{D_i^t(x^t, y^t)} \right]^{1/2}$$

$$= E(x^{t+1}, y^{t+1}; x^t, y^t) \times TP(x^{t+1}, y^{t+1}; x^t, y^t) \qquad (6-5)$$

其中，$E(\cdot)$ 是规模报酬不变且要素自由处置条件下的相对效率变化指数，这个指数测度从 t 期到 $t+1$ 期每个观察对象到最佳实践边界的追赶程度。如前文所述，根据费雷等（1994），效率变化指数可以相应地分解为规模效率变化指数 $SE(x^{t+1}, y^{t+1}; x^t, y^t)$、要素可处置度变化指数 $CNC(x^{t+1}, y^{t+1}; x^t, y^t)$、纯技术效率变化指数 $PE(x^{t+1}, y^{t+1}; x^t, y^t)$ 和技术进步指数 $TP(x^{t+1}, y^{t+1}; x^t, y^t)$。

综上所述，Malmquist 生产率指数可以分解为：

$$M_i(x^{t+1}, y^{t+1}; x^t, y^t) = PE(x^{t+1}, y^{t+1}; x^t, y^t) \times SE(x^{t+1}, y^{t+1}; x^t, y^t)$$
$$\times CNC(x^{t+1}, y^{t+1}; x^t, y^t) \times TP(x^{t+1}, y^{t+1}; x^t, y^t)$$
$$(6-6)$$

本章选用数据包络分析专用程序 Deap 2.1 软件来实现 DEA 计算，包含两个方面的内容：第一，计算基于可变规模（VRS）农户各年的技术效率值；第二，测算 Malmquist 指数。一个核心问题是投入和产出变量的选择。

基于经济学中的生产理论，生产过程中投入的要素主要包括土地、劳动力和资本。通过投入变量及产出变量对全要素生产率进行测算，投入变量是指为了满足生产需要所投入的包括土地、劳动力和资本三方面的全部要素。基于以上分析，本章为对样本农户各项收入生产率进行评价，选取了林地面积和耕地面积、种植业劳动力和非农劳动力，以及以土地为基础资本和种植业资本作为投入指标，选取样本农户总生产效率和种植业生产效率为产出指标。样本农户生产中的资本投入主要包括种子、化肥、农药和农膜等种植业生产费用。

对样本农户总生产效率和种植业生产效率进行测算之后，利用获得的各项生产效率值，基于如下计量经济模型对退耕还林工程对样本农户总生产效率和种植业生产效率的影响因素进行分析：

$$T_{nit} = C_{nit} + \sum \alpha_{nhit} \ln X_{nhit} + \sum \beta_{njit} \ln Y_{njit} + \sum \gamma_{nkit} \ln Z_{nkit} + \mu_{nit} \quad (6-7)$$

根据相关研究成果，本章选取的生产效率值及其影响因素定义如表 6 - 1 所示。

表 6 - 1　　　　　　　　　　　所选变量与变量定义

变量	定义	变量	定义
T_1	总全要素生产率	X_1	户主年龄（岁）
T_2	总技术效率	X_2	户主受教育年限（年）
T_3	总技术进步	X_3	户主是否村干部（是 =1；否 =0）
T_4	总纯技术效率	X_4	家庭人口（人）
T_5	总规模效率	Y_1	是否硬化路面（是 =1；否 =0）
T_6	种植业全要素生产率	Y_2	村庄距县城距离（km）
T_7	种植业技术效率	Z_1	参加退耕情况（是 =1；否 =0）
T_8	种植业技术进步	Z_2	参加退耕情况（长江流域）
T_9	种植业纯技术效率	Z_3	参加退耕情况（黄河流域）
T_{10}	种植业规模效率	Z_4	退耕地造林面积（是 =1；否 =0）
it	第 t 年第 i 个样本农户	Z_5	退耕地造林面积（黄河流域）
C	截距	Z_6	退耕地造林面积（长江流域）
α、β、γ	待估参数	Z_7	退耕还林年数（年）
h、j、k	组内自变量个数	μ	误差项

6.3　样本农户的全要素生产率的变动测算与分析

6.3.1　样本农户的全要素生产率的变动测算与分解结果

所谓全要素生产率是将农业生产活动中的全部生产要素均考虑在内，从而较为全面综合地表达了农业生产效率，即能够从生产组织水平、生产技术水平和创新水平等方面较全面地描述农业生产效率。本章通过 Deap 2.1 对样本农户的 Malmquist 指数进行计算与分解，具体结果见表 6 - 2。

表6-2 样本农户总体历年 Malmquist 指数及其分解结果

年份	全要素生产率		技术进步		技术效率		纯技术效率		规模效率	
	总体	种植业	总体	种植业	总体	种植业	总体	种植业	总体	种植业
1998	1.059	1.016	0.617	0.204	2.111	1.870	1.313	1.271	1.717	1.863
1999	1.019	1.042	1.116	1.241	0.926	0.119	0.949	0.499	1.039	0.417
2000	1.078	1.113	1.224	0.757	0.901	1.484	0.939	1.184	0.987	1.198
2001	1.085	1.058	1.161	0.972	0.946	1.090	0.980	1.158	0.970	0.994
2002	1.110	1.163	1.211	1.049	0.926	1.112	0.906	1.058	1.064	1.085
2003	1.069	1.169	1.119	0.978	0.957	1.192	1.027	0.940	0.957	1.426
2004	1.146	1.081	1.232	1.010	0.968	1.071	1.004	0.809	0.977	1.653
2005	1.022	1.018	3.025	0.861	0.194	1.134	0.590	1.062	0.749	1.181
2006	1.194	1.105	1.011	0.985	1.183	1.123	1.331	1.578	0.862	0.764
2007	1.165	1.036	0.316	1.217	2.353	0.877	1.143	0.609	2.100	1.968
2008	1.274	1.072	0.581	0.157	1.935	1.929	1.542	2.078	1.656	1.537
2009	1.197	1.153	2.033	2.008	0.902	0.796	1.145	1.623	0.668	0.445
2010	1.175	1.120	1.107	1.021	1.072	1.123	0.967	1.107	1.190	1.025
2011	1.224	1.481	2.730	4.303	0.728	0.721	1.096	0.726	0.803	1.199
2012	1.207	1.106	1.119	0.724	1.109	1.570	0.984	1.092	1.155	1.846
2013	0.828	1.080	1.236	1.211	0.790	0.913	0.762	1.106	1.250	0.701
2014	1.155	1.029	1.027	0.996	1.166	1.035	1.129	1.085	1.004	1.011
年均值（无1998）	1.122	1.114	1.328	1.218	1.066	1.081	1.031	1.107	1.089	1.153

首先，从总体上看，样本农户的总全要素生产率变动与种植业全要素生产率变动都是波动增长态势（见表 6 - 2）。参与退耕还林工程后，样本农户总全要素生产率年平均值为 1.122，种植业全要素生产率年平均值为 1.114，总全要素生产率的年平均值高于种植业全要素生产率的年平均值，即与种植业全要素生产率相比，样本农户总全要素生产率提高幅度更大。究其原因主要是样本农户总技术进步的提高幅度大于种植业技术进步，即参与退耕还林工程后样本农户提高了生产要素投入的技术水平，样本农户劳动力一定程度地向报酬率较高的种植业之外其他行业，特别是非农行业发生了转移。由数据结果可见，1999 年样本农户总全要素生产率为 1.019，低于 1998 年的 1.059。这是因为退耕后样本农户耕地规模较大幅度减少，导致技术效率由 2.111 下降到 0.926，而构成技术效率的纯技术效率和规模效率分别由 1.313 和 1.717 下降到 0.949 和 1.039。尽管样本农户的技术进步由 0.617 上升到 1.116，但其上升幅度低于技术效率的降低幅度。可能的原因是，样本农户对退耕还林工程响应较慢，工程初期样本农户对退耕还林政策理解不够，导致他们在耕地经营面积减少的情况下，未及时有效调整生产行为而降低了生产要素配置效率，即退耕还林工程对效率影响存在滞后性。而 1999 年样本农户种植业全要素生产率为 1.042，高于 1998 年的 1.016。这主要是由于 1999 年样本农户的技术进步高于 1998 年的 5.01 倍，大于技术效率降低的幅度，即退耕还林工程使样本农户耕地面积减少的同时，较好地提高了相关种植业科技水平。之后，尽管退耕还林政策的时空差异和样本农户参与工程的先后顺序不同，但样本农户基本适应了退耕还林工程的实施模式，其各年度总全要素生产率和种植业全要素生产率也逐步增加。另外，2013 年样本农户总全要素生产率降低为 0.828，这是因为样本农户总技术效率降低为 0.790，降低幅度为 62.58%（其中纯技术效率降低幅度为 41.96%，规模效率降低幅度为 27.2%），可能原因是 2013 年大部分样本农户退耕补贴到期，而退耕还林导致的农村剩余劳动力有效转移的可持续性不稳定。2014 年，新一轮退耕还林政策开始，退耕补贴使样本农户又获得劳动力转移的生活保障，从而样本农户总全要素生产率获得较大提高。

其次，样本农户总全要素生产率和种植业全要素生产率的分解结果存在明显不同（见表 6-2）。对全要素生产率分解可得到技术进步变动指数和技术效率变动指数，技术进步指数衡量的是科学技术水平对全要素生产率的贡献情况，技术效率指数衡量的是生产投入要素配比和规模状况，它是用来衡量投入产出效果的指标，即在一定投入的前提下，产出与技术效率呈正向关系。1999~2014 年总技术进步指数年平均值是 1.328，技术效率指数年平均值是 1.066；种植业技术进步指数年平均值是 1.218，技术效率指数年平均值是 1.081。相较于 1998 年数据，总技术进步指数、种植业技术进步指数年平均值分别增加 1.152 倍和 4.971 倍。结果表明，参与退耕还林工程后样本农户总全要素生产率、种植业全要素生产率增长均源于技术进步的作用，技术效率的作用低于技术进步。可能原因如下：（1）退耕还林工程实施时间跨度较大，在退耕补贴等相关政策的支持下，样本农户已逐步更新了种植业生产技术。特别是随着国家"推动乡村产业高质量发展"和"巩固拓展脱贫攻坚成果"政策的实施，回乡创业中青年农户日益增多。而中青年农户受教育水平较高，接受新技术能力较强，更易于更新生产技术，以提高生产效率获得更高种植业收入。（2）具有较高人力资本和社会资本的样本农户更有能力从事非农经营活动，从而对提高样本农户总全要素生产率具有积极的促进作用。

最后，纯技术效率变动指数和规模效率变动指数构成了技术效率变动指数。其中，样本农户总纯技术效率指数年平均值为 1.031，种植业纯技术效率指数年平均值为 1.107；总规模效率指数、种植业规模效率指数年平均值分别为 1.089 和 1.153。与 1998 年数据相比，总纯技术效率指数、种植业纯技术效率指数年平均值减少幅度分别为 21.48% 和 12.9%，总规模效率指数、种植业规模效率指数年平均值减少幅度分别为 36.58% 和 38.11%，究其原因，退耕还林工程提高了样本农户的生产技术水平，但其技术管理水平仍有待提高、种植业规模化生产尚未形成。

6.3.2 不同等分组全要素生产效率的估计与分析

依据表 6-2 所测算的样本农户 1998 年总全要素生产率和种植业全要素生产率的分解结果，将其由低到高划分为 5 等分组，以考察退耕还林工程对不同等分组全要素生产率的影响差异。将样本农户的总全要素生产率划分为 5 等分组，且其总全要素生产率均大于 0.03（见表 6-3）。具体而言，第 1 等分组的户均总全要素生产率是 0.757，分解后的技术进步和技术效率平均值分别是 0.628 和 1.579，技术效率分解后的纯技术效率和规模效率平均值分别是 1.103 和 1.461。第 2 等分组的户均总全要素生产率是 0.977，分解后的技术进步与技术效率平均值分别是 0.546 和 2.232，技术效率分解后的纯技术效率和规模效率平均值分别是 1.289 和 1.860。第 3 等分组的户均总全要素生产率是 1.029，分解后的技术进步与技术效率平均值分别是 0.618 和 2.137，技术效率分解后的纯技术效率和规模效率平均值分别是 1.294 和 1.728。第 4 等分组的户均总全要素生产率为 1.104，分解后的技术进步和技术效率平均值分别是 0.629 和 2.166，技术效率分解后的纯技术效率和规模效率平均值分别是 1.356 和 1.670。第 5 等分组的户均总全要素生产率为 1.433，分解后的技术进步和技术效率平均值分别是 0.662 和 2.481，技术效率分解后的纯技术效率和规模效率平均值分别是 1.526 和 1.867。

表 6-3 　　　　　　　　　　总全要素生产率 5 等分分布情况

等级	范围	技术进步	技术效率	纯技术效率	规模效率	全要素生产率
1	0.030 ~ 0.932	0.628	1.579	1.103	1.461	0.757
2	0.933 ~ 1.002	0.546	2.232	1.289	1.860	0.977
3	1.003 ~ 1.062	0.618	2.137	1.294	1.728	1.029
4	1.063 ~ 1.154	0.629	2.166	1.356	1.670	1.104
5	1.155 ~ 4.210	0.662	2.481	1.526	1.867	1.433

将样本农户的种植业全要素生产率划分为 5 等分组（见表 6 - 4）。具体
而言，第 1 等分组的户均种植业全要素生产率是 0. 739，分解后的技术进步
和技术效率平均值分别是 0. 187 和 2. 059，技术效率分解后的纯技术效率和
规模效率平均值分别是 0. 923 和 1. 554。第 2 等分组的户均种植业全要素生
产率是 0. 960，分解后的技术进步和技术效率平均值分别是 0. 204 和 2. 211，
技术效率分解后的纯技术效率和规模效率平均值分别是 1. 214 和 1. 988。
第 3 等分组的户均种植业全要素生产率是 1. 005，分解后的技术进步和技术
效率平均值分别是 0. 229 和 1. 226，技术效率分解后的纯技术效率和规模效
率平均值分别是 1. 225 和 1. 639。第 4 等分组的户均种植业全要素生产率是
1. 081，分解后的技术进步和技术效率平均值分别是 0. 186 和 1. 957，技术
效率分解后的纯技术效率和规模效率平均值分别是 1. 358 和 1. 776。第 5 等
分组的户均种植业全要素生产率是 1. 301，分解后的技术进步和技术效率平均
值分别是 0. 212 和 1. 775，技术效率分解后的纯技术效率和规模效率平均值分
别是 1. 674 和 2. 165。

表 6 - 4　　　　　　　　　种植业全要素生产率 5 等分分布情况

等级	范围	技术进步	技术效率	纯技术效率	规模效率	全要素生产效率
1	0. 001 ~ 0. 926	0. 187	2. 059	0. 923	1. 554	0. 739
2	0. 927 ~ 0. 984	0. 204	2. 211	1. 214	1. 988	0. 960
3	0. 985 ~ 1. 031	0. 229	1. 226	1. 225	1. 639	1. 005
4	1. 032 ~ 1. 140	0. 186	1. 957	1. 358	1. 776	1. 081
5	1. 141 ~ 2. 648	0. 212	1. 775	1. 674	2. 165	1. 301

由表 6 - 3 与表 6 - 4 可知，通过对样本农户的总全要素生产率与种植业
全要素生产率实施分等分组考察，相较于样本农户总全要素生产率平均值
（1. 122）可以看出，退耕还林工程实施后低、中等分组（1、2、3、4 等分
组）样本农户总全要素生产率平均值获得了增加，高等分组（5 等分组）样
本农户总全要素生产率平均值发生了减少。相较于样本农户种植业全要素生

产率平均值（1.114）可以看出，低、中等分组（1、2、3、4 等分组）样本农户种植业全要素生产率平均值获得了增加，高等分组（5 等分组）发生了减少。结果说明，退耕还林工程促进了工程实施前低生产效率的样本农户总收入和种植业收入增加，在一定程度上减少了样本农户的贫富差距。这与退耕还林工程是将坡耕地和沙化地退转为林地，以实现生态保护和农民增收的双重目标一致。另外，退耕还林工程对各等分组样本农户总技术进步和种植业技术进步产生了促进作用。结果说明，退耕区样本农户参与工程后投入产出率提高较大。退耕还林工程使样本农户的土地、劳动力和资本三大生产要素从技术角度获得了充分利用，从而也有利于促进样本农户的非农经营。

6.4 退耕还林工程对农户生产效率影响的实证分析

Tobit 回归 DEA 模型计算的效率值是离散的，可能会有部分 DMU 处于效率边界，在对因子对效率的影响系数进行估计时，假如选取的是普通最小二乘法对回归系数进行估计，则其中极限值和非极限观察值之间的性质差异就得不到解释，回归参数估计值会出现有偏且不一致的情况。1958 年，托宾（Tobin，1958）提出通过使用极大似然法截取回归模型对受限制因变量进行回归估计。Tobit 方法在应用中不断发展，在分析影响农业与林业生产效率的因素时，众多国内学者选择使用 Tobit 回归模型。赵翠萍（2012）、谌贻庆等（2016）在分析河南省耕地生产效率和生产要素对农业发展的影响程度时，运用了 Tobit 模型。杨冬梅等（2019）利用 Tobit 模型考察了集体林改配套政策对农户的林业生产效率的主要影响因素。Tobit 方法在生产效率影响方面的研究和应用已经趋于成熟和完善。对此，在前人研究基础上，本节基于样本农户的总收入和种植业收入，以及土地、劳动力和资本投入要素测算了样本农户全要素生产率及分解结果，并区分黄河流域和长江流域及不同组群，设置退耕年数变量，运用 Tobit 回归模型从时空角度估计退耕还林工程对样本农户全要素生产率及其分解结果的影响，并给出经验性结果。

在测算样本农户生产效率的影响因素时，由于效率值是大于 0 的，因此采用左端点设置为 0 的 xttobit 模型进行分析，其模型形式如下：

$$\begin{cases} y_i = \beta_0 + X_i\beta + Z_i\gamma + \varepsilon_i, \varepsilon_i \sim N(0, \delta^2) \\ y_i = 0, y_i^* < 0 \\ y_i = y_i^*, 0 \leqslant y_i^* \leqslant 1 \\ y_i = 1, y_i^* > 1 \end{cases} \qquad (6-8)$$

式中：y_i^* 为样本农户的潜在生产效率；y_i 为第 i 个样本农户的技术效率值；X_i、Z_i 分别是效率影响的核心和控制变量，β、γ 分别为其回归系数向量，β_0 为常数项，ε_i 为随机误差项，$i = 1, 2, \cdots, n$。本章的核心变量为退耕还林政策，在模型中加入户主与家庭禀赋特征、村庄特征和市场环境等作为控制变量，以增强模型的拟合优度和显著性。

6.4.1 退耕还林对农户总生产效率及分解结果影响经验性结果

利用统计分析软件 Stata 14.0 对模型进行处理后，得到了退耕还林工程对样本农户总生产效率影响的经验性结果。由表 6-5 可知，模型（1）和模型（2）中，退耕还林参与情况和退耕地造林面积对样本农户的总生产效率产生了正向影响，影响系数分别为 2.2315 和 0.4736，且在 1% 的统计水平上显著。户主年龄、家庭人口、路面是否硬化和距城镇距离对样本农户的总生产效率产生了显著性影响，影响系数分别是 1.7367 和 1.5098、-0.8445 和 -0.9240、1.5604 和 1.5563、0.5255 和 0.4717，分别在 5%、10%、1% 和 10% 的统计水平上显著。结果说明，退耕还林工程在参与情况和参与强度上都对样本农户总生产效率产生了积极的促进作用。户主年龄越大、路面硬化和距离城镇越近有利于样本农户总生产效率的提高，家庭人口数越多则不利于样本农户总生产效率的提高。因为，退耕还林工程使人口数多的家庭剩余劳动力增多，而大多数农村剩余劳动力受教育年数短，样本农户向非农转移的能力低，从而降低了样本农户总生产效率。

表6-5 退耕还林工程对样本农户总生产效率及分解结果影响的经验性结果

变量	总生产效率		总技术进步		总技术效率		总纯技术效率		总规模效率	
	(1)	(2)	(3)	(4)	(5)	(6)	(7)	(8)	(9)	(10)
退耕还林情况 (是=1; 否=0)	2.2315*** (0.3881)		0.7664*** (0.0717)		1.0272*** (0.3339)		1.2283*** (0.3306)		0.1754*** (0.0419)	
退耕地造林面积		0.4736*** (0.0620)		0.1369*** (0.0115)		0.2343*** (0.0534)		0.2223*** (0.0529)		0.0299*** (0.0067)
户主年龄（岁）	1.7367** (0.7275)	1.5098** (0.7239)	0.3048** (0.1344)	0.2923** (0.1337)	1.6499*** (0.6258)	1.5041** (0.6231)	1.8854*** (0.6197)	1.8580*** (0.6173)	0.2161*** (0.0785)	0.2169*** (0.0782)
受教育年数（年）	0.1417 (0.0962)	0.1443 (0.0960)	-0.0018 (0.0178)	0.0006 (0.0177)	0.0307 (0.0827)	0.0310 (0.0826)	-0.0213 (0.0819)	-0.0176 (0.0819)	-0.0020 (0.0104)	-0.0014 (0.0104)
户主干部虚拟变量 (是=1; 否=0)	-0.5694 (0.6550)	-0.7097 (0.6547)	0.0432 (0.1210)	0.0069 (0.1210)	0.2273 (0.5634)	0.1552 (0.5635)	-0.6519 (0.5580)	-0.7114 (0.5583)	0.1640** (0.0707)	0.1564** (0.0708)
家庭人口（人）	-0.8445* (0.4520)	-0.9240** (0.4514)	0.1500* (0.0835)	0.1243 (0.0834)	-0.5619 (0.3888)	-0.5994 (0.3886)	-1.3163*** (0.3850)	-1.3577*** (0.3849)	0.1351*** (0.0488)	0.1293*** (0.0488)
路况虚拟变量 (已硬化=1; 否=0)	1.5604*** (0.3850)	1.5563*** (0.3843)	-0.3298*** (0.0711)	-0.3245*** (0.0710)	0.8193** (0.3311)	0.8132** (0.3308)	0.7038** (0.3280)	0.7115** (0.3277)	0.0481 (0.0416)	0.0497 (0.0415)
距城镇距离（千米）	0.5255* (0.2702)	0.4717* (0.2701)	-0.0269 (0.0499)	-0.0411 (0.0499)	0.1575 (0.2324)	0.1301 (0.2325)	0.2904 (0.2302)	0.2672 (0.2303)	-0.0811*** (0.0292)	-0.0841*** (0.0292)
样本量（个）	11180	11180	11180	11180	11180	11180	11180	11180	11180	11180

注：*、**、***分别表示参数估计在10%、5%、1%的统计水平上显著。

　　模型（3）和模型（4）中，退耕还林参与情况和退耕地造林面积对样本农户总技术进步具有正向影响，其系数分别为0.7664和0.1369，且在1%的统计水平上显著。户主年龄、家庭人口和路面是否硬化对样本农户的总技术进步产生了影响，影响系数分别为0.3048和0.2923、0.1500和0.1243、−0.3298和−0.3245，且分别在5%、10%和1%的统计水平上显著。其中模型（4）中家庭人口对样本农户总技术进步无统计显著性。结果说明，退耕还林工程在参与情况和参与强度上都积极促进了样本农户总技术进步的提高。户主年龄和家庭人口数有利于样本农户总技术进步的提高，路面硬化则不利于样本农户总技术进步的提高。

　　模型（5）和模型（6）中，退耕还林参与情况和退耕地造林面积对样本农户总技术效率具有正向影响，影响系数分别为1.0272和0.2343，且在1%的统计水平上显著。户主年龄和路面是否硬化对样本农户的总技术效率产生了显著影响，影响系数分别为1.6499和1.5041、0.8193和0.8132，且分别在1%和5%、5%和5%的统计水平上显著。结果说明，退耕还林工程在参与情况和参与强度上对样本农户生产要素有效配置产生了积极影响，且户主年龄和路面硬化也有利于样本农户资源配置的优化和使用效率的提高。

　　纯技术效率受管理水平和生产技术的影响。模型（7）和模型（8）中，退耕还林参与情况和退耕地造林面积对样本农户总纯技术效率具有正向影响，影响系数分别为1.2283和0.2223，且在1%的统计水平上显著。户主年龄、家庭人口和路面是否硬化对样本农户的总纯技术效率产生了影响，影响系数分别为1.8854和1.8580、−1.3163和−1.3577、0.7038和0.7115，且分别在1%、1%和5%的统计水平上显著。结果说明，退耕还林工程在参与情况和参与强度上提高了样本农户对资源要素管理能力和生产技术应用能力，户主年龄和路面硬化有利于样本农户总纯技术效率的提高，而家庭人口则不利于样本农户总纯技术效率的提高。

　　规模效率受经营规模因素的影响，它是对实际规模与最优生产规模间的差距的反映。模型（9）和模型（10）中，退耕还林参与情况和退耕地造林面积对样本农户总规模效率具有正向影响，影响系数分别为 0.1754 和 0.0299，且在 1% 的统计水平上显著。户主年龄、户主是否村干部、家庭人口和距城镇距离对样本农户的总规模效率产生了影响，影响系数分别为 0.2161 和 0.2169、0.1640 和 0.1564、0.1351 和 0.1293、-0.0811 和 -0.0841，且分别在 1%、5%、1% 和 1% 的统计水平上显著。结果说明，退耕还林参与情况和参与强度积极促进了样本农户总规模效率的提高，户主年龄、户主是否村干部、家庭人口均有利于样本农户规模效率的提高，而距城镇距离不利于样本农户总规模效率的提高。

6.4.2 退耕还林对农户种植业生产效率及分解结果影响经验性结果

表 6-6 呈现了样本农户种植业生产效率模型的估计结果。由表 6-6 可知，模型（1）和模型（2）中，退耕还林参与情况和退耕地造林面积对样本农户的种植业生产效率产生了正向影响，影响系数分别为 1.8134 和 0.3177，且在 1% 的统计水平上显著。受教育年数对样本农户的种植业生产效率产生了正向影响，影响系数分别为 0.2031 和 0.2092，且在 10% 的统计水平上显著。结果说明，退耕还林在参与情况和参与强度上均对样本农户种植业生产效率产生了积极的促进作用。户主受教育程度高有利于样本农户种植业生产效率的提高。模型（3）和模型（4）中，退耕还林参与情况和退耕地造林面积均对样本农户种植业技术进步具有负向影响，影响系数分别为 -2.3413 和 -0.3435，且在 1% 的统计水平上显著。户主年龄、受教育程度和路面是否硬化对样本农户的种植业生产效率产生了影响，系数分别为 -3.9162 和 -4.0676、-0.2193 和 -0.2308、-0.8844 和 -0.9194，且分别在 1%、5% 和 5% 的统计水平上显著。结果说明，退耕还林在参与情况和参与强度上均未对样本农户种植业技术进步产生正向积极影响。户主年龄、受教育程度和路面是否硬化均未促进样本农户种植业技术进步的提高。模型（5）和模型（6）中，退耕还林参与情况和退耕地造林面积对样本农户种植业技术效率具有正向影响，影响系数分别为 1.7533 和 0.3455，且在 1% 的统计

表6-6　退耕还林工程对样本农户种植业生产效率及分解结果影响的经验性结果

变量	种植业生产效率		种植业技术进步		种植业技术效率		种植业纯技术效率		种植业规模效率	
	(1)	(2)	(3)	(4)	(5)	(6)	(7)	(8)	(9)	(10)
退耕还林参与情况（是=1；否=0）	1.8134***(0.4688)		-2.3413***(0.3835)		1.7533***(0.5791)		2.1083***(0.4776)		1.0539**(0.4484)	
退耕地造林面积（亩）		0.3177***(0.0750)		-0.3435***(0.0614)		0.3455***(0.0927)		0.3760***(0.0764)		0.2119***(0.0717)
户主年龄（岁）	0.8670(0.8784)	0.8538(0.8750)	-3.9162***(0.7189)	-4.0676***(0.7164)	-0.0452(1.0851)	-0.1553(1.0808)	1.1221(0.8951)	1.0891(0.8916)	-0.3386(0.8404)	-0.4157(0.8371)
受教育年数（年）	0.2031*(0.1162)	0.2092*(0.1161)	-0.2193**(0.0950)	-0.2308**(0.0950)	0.1106(0.1435)	0.1143(0.1434)	0.0777(0.1183)	0.0843(0.1182)	0.0617(0.1111)	0.0637(0.1110)
户主干部虚拟变量（是=1；否=0）	-0.2679(0.7911)	-0.3514(0.7915)	0.1350(0.6473)	0.2116(0.6480)	-0.8604(0.9774)	-0.9587(0.9779)	-0.9465(0.8060)	-1.0462(0.8064)	1.3108*(0.7564)	1.2496*(0.7569)
家庭人口（人）	-0.8732(0.5459)	-0.9938*(0.5458)	-0.3756(0.4466)	-0.3016(0.4466)	0.1672(0.6744)	0.1063(0.6741)	-0.2190(0.5561)	-0.2899(0.5559)	-0.6601(0.5223)	-0.6971(0.5221)
路况虚拟变量（已硬化=1；否=0）	0.0515(0.4649)	0.0655(0.4646)	-0.8844**(0.3804)	-0.9194**(0.3803)	-0.2366(0.5743)	-0.2326(0.5738)	0.1325(0.4737)	0.1471(0.4733)	0.4161(0.4447)	0.4174(0.4444)
距城镇距离（千米）	-0.4552(0.3263)	-0.4876(0.3264)	-0.1085(0.2670)	-0.0775(0.2672)	-0.9607**(0.4030)	-0.9984**(0.4032)	0.4335(0.3325)	0.3945(0.3326)	-0.4512(0.3121)	-0.4746(0.3122)
样本量（个）	11180	11180	11180	11180	11180	11180	11180	11180	11180	11180

注：*、**、***分别表示参数估计在10%、5%、1%的统计水平上显著。

水平上显著。距城镇距离对样本农户的种植业技术效率产生了负向影响，影响系数分别为 -0.9607 和 -0.9984，均在5%的统计水平上显著。结果说明，退耕还林在参与情况和参与强度上有利于样本农户种植业生产要素配置的优化，而距城镇距离近则未促进样本农户种植业生产要素的合理配置。模型（7）和模型（8）中，退耕还林参与情况和退耕地造林面积对样本农户种植业纯技术效率具有正向影响，影响系数分别为 2.1083 和 0.3760，且在1%的统计水平上显著。户主特征、农户家庭禀赋和村庄特征等控制变量对样本农户种植业纯技术效率均未产生显著影响。模型（9）和模型（10）中，退耕还林参与情况和退耕地造林面积对样本农户种植业规模效率具有正向影响，影响系数分别为 1.0539 和 0.2119，且分别在5%和1%的统计水平上显著。户主是否干部对样本农户的种植业规模效率产生了影响，影响系数分别为 1.3108 和 1.2496，且在10%的统计水平上显著。结果说明，退耕还林参与情况和参与强度促进了样本农户种植业纯技术效率和样本农户种植业规模效率的提高，其中户主是干部有利于加速耕地流转，从而形成样本农户种植业的规模化经营，并提高生产效率。

6.4.3 退耕还林对农户总生产效率和种植业生产效率影响经验性结果

基于样本数据，本章通过 Tobit 模型估计退耕还林工程对不同退耕区域和不同退耕时间的样本农户总生产效率和种植业生产效率的影响。退耕还林工程是否以及如何对样本农户总生产效率和种植业生产效率产生时空影响，目前尚未有学者研究。由于退耕还林工程在不同区域和不同退耕时间的实施效果可能不同，因此退耕还林工程对样本农户影响存在时空差异。经验性结果如表6-7和表6-8所示。

6.4.3.1 退耕还林工程对农户总生产效率和种植业生产效率影响经验性结果

表6-7是关于退耕还林参与情况及黄河流域和长江流域参与情况、退耕

表6-7 退耕还林工程对样本农户总生产效率和种植业生产效率影响的经验性结果

变量	总生产效率				种植业生产效率			
	(1)	(2)	(3)	(4)	(5)	(6)	(7)	(8)
退耕还林情况（是=1；否=0）	2.2315*** (0.3881)				1.8134*** (0.4688)			
其中：参加退耕情况（黄河流域）		4.0200*** (0.4941)				2.4282*** (0.5977)		
参加退耕情况（长江流域）		0.6411 (0.4738)				1.2670** (0.5730)		
退耕地造林面积（亩）			0.4736*** (0.0620)				0.3177*** (0.0750)	
其中：退耕地造林面积（黄河流域）				0.6909*** (0.0739)				0.3908*** (0.0894)
退耕地造林面积（长江流域）				0.1767** (0.0828)				0.2178** (0.1003)
控制变量	YES	YES	YES	YES	YES	YES	YES	YES
样本量（个）	11180	11180	11180	11180	11180	11180	11180	11180

注：*，**，***分别表示参数估计于在10%、5%、1%的统计水平上显著。

表6-8   退耕还林年数对样本农户总生产效率和种植业生产效率的影响

变量	总生产效率	种植业生产效率
退耕第1年	-0.2425 (0.9869)	2.1027 * (1.1978)
退耕第2年	-0.6658 (0.9875)	-0.4216 (1.1990)
退耕第3年	-1.2514 (0.9928)	0.9090 (1.2054)
退耕第4年	0.0211 (0.9937)	1.5483 (1.2070)
退耕第5年	1.0587 (1.0034)	1.3071 (1.2192)
退耕第6年	1.0552 (1.0056)	1.7699 (1.2214)
退耕第7年	2.8662 *** (1.0224)	1.3875 (1.2433)
退耕第8年	1.5952 (1.0256)	3.3571 *** (1.2452)
退耕第9年	8.4580 *** (1.0358)	4.3832 *** (1.2578)
退耕第10年	5.2701 *** (1.0388)	2.7719 ** (1.2622)
退耕第11年	4.0566 *** (1.0794)	3.6202 *** (1.3130)
退耕第12年	7.8703 *** (1.1067)	1.9215 (1.3450)
退耕第13年	8.7084 *** (1.3247)	1.8106 (1.6080)
退耕第14年	4.8466 *** (1.7176)	0.6240 (2.0848)

续表

变量	总生产效率	种植业生产效率
退耕第 15 年	3. 7474 ** (1. 8143)	− 1. 1449 (2. 2064)
退耕第 16 年	− 0. 6028 (2. 2644)	− 1. 0483 (2. 7483)
控制变量	YES	YES
样本量（个）	11180	11180

注：＊、＊＊、＊＊＊分别表示参数估计在 10%、5%、1% 的统计水平上显著。

地造林面积及黄河流域和长江流域退耕地造林面积对样本农户总生产效率和
种植业生产效率的空间影响分析结果。模型（1）和模型（2）中，退耕还林
参与情况总体上对样本农户总生产效率影响系数是 2.2315，且在 1% 的统计
水平上显著。分流域看，对黄河流域影响系数是 4.0200，在 1% 的统计水平
上显著，而对长江流域影响是正向不显著。模型（3）和模型（4）中，退耕
地造林面积总体上对样本农户总生产效率影响系数是 0.4736，且在 1% 的统
计水平上显著。分流域看，对黄河流域和长江流域的影响系数分别是 0.6909
和 0.1767，且分别在 1% 和 5% 的统计水平上显著。对黄河流域的影响程度是
长江流域的 3.91 倍。模型（5）和模型（6）中，退耕还林参与情况总体上对
样本农户种植业生产效率的影响系数是 1.8134，且在 1% 的统计水平上显著。
分流域看，对黄河流域影响系数是 2.4282，在 1% 的统计水平上显著；对长
江流域影响系数是 1.2670，在 5% 的统计水平上显著。对黄河流域的影响程
度是长江流域的 1.92 倍。模型（7）和模型（8）中，退耕地造林面积总体上
对样本农户种植业影响系数是 0.3177，且在 1% 的统计水平上显著。分流域
看，对黄河流域影响系数是 0.3908，在 1% 的统计水平上显著；而对长江流
域影响系数是 0.2178，在 5% 的统计水平上显著。对黄河流域的影响程度是
长江流域的 1.79 倍。结果说明，参与退耕还林工程后，样本农户在退耕参与
和退耕强度方面均显著地提高了其总生产效率和种植业生产效率，且退耕还
林工程对黄河流域影响大于对长江流域影响。

6.4.3.2 退耕还林年数对农户总生产效率和种植业生产效率影响经验性结果

由于退耕还林工程实施的时期跨度很大，为详细地分析工程的不同实施阶段对样本农户总生产效率和种植业生产效率的具体影响，在此将退耕还林工程对样本农户总生产效率和种植业生产效率的时间影响逐年回归，具体回归结果见表6-8。

表6-8系统地反映了参与退耕还林年数对样本农户总生产效率的影响。退耕第1、第2和第3年影响系数为负，退耕第4、第5和第6年影响系数为正，但均不显著；退耕第7至第15年影响系数开始为正且呈波动性增长趋势，分别具有1%和5%的统计显著性；退耕第16年变为负向影响不显著。退耕还林初期，工程对样本农户总生产效率的影响不显著，这是因为样本农户对退耕还林工程实施响应滞后所致。生产效率是技术进步与技术效率的乘积，而技术效率是纯技术效率与规模效率的乘积。退耕还林工程对样本农户总生产效率影响是生产要素配置效率优化和技术进步的共同作用（这与第5章退耕还林工程对样本农户生产要素投入的时间影响结论一致）。退耕还林第16年影响系数为-0.6028，且无统计显著性。这是因为此时大多数样本农户处于第一轮退耕还林工程结束期或延长期，而尚未参与新一轮退耕还林工程。

退耕还林工程对样本农户种植业生产效率的时间影响如表6-8所示。由于退耕第1年将25°以上坡耕地和沙土地"还林"，导致样本农户在优化土地上"精耕细作"，较大地提高了其种植业生产效率，所以退耕第1年，退耕还林工程对样本农户种植业生产效率影响系数为2.1027，具有10%的统计显著性。

但之后受边际报酬递减规律的影响，即在技术水平不变的条件下，若在现有土地上持续等量地增加某种可变生产要素投入，达到某个特定值以后，所带来的边际产量将是递减的。因此，退耕第2年至退耕第7年影响系数分别为-0.4216、0.9090、1.5483、1.3071、1.7699和1.3875，且均不具有统计显著性。这说明退耕还林工程对样本农户种植业生产效率的促进作用减弱。

但随着退耕还林工程的进一步实施，样本农户实现了生产要素配置的优化及形成了耕地规模化经营或集约化经营。因此，退耕第 8 年至退耕第 11 年影响系数分别为 3.3571、4.3832、2.7719 和 3.6202，且具有 1% 和 5% 的统计显著性。这说明此时退耕还林工程对样本农户种植业生产效率促进作用逐渐增强。退耕第 12 年至退耕第 16 年影响系数分别为 1.9215、1.8106、0.6240、–1.1449 和 –1.0483，均不具有统计显著性。这说明由于种植业新技术实施受诸多因素影响，因此退耕还林工程尚未促进样本农户种植业技术进步的提高（这与第 5 章的结论一致）。同时，当样本农户的生产要素配置率和规模报酬率达到一定程度时，退耕还林工程对样本农户种植业生产效率可持续性的正向影响则有待于技术进步的提高。

总之，退耕还林工程对样本农户总生产效率和种植业生产效率影响具有时间性。退耕还林年数对样本农户总生产效率和种植业生产效率均具有一定集中的、显著的倒"U"型正向影响。但退耕还林工程对样本农户总生产效率增长的促进作用较种植业程度更大，且影响范围更大。

6.4.4　退耕还林对不同等分组农户生产效率影响经验性结果

分析退耕还林工程实施效果在不同等分组样本农户间的差异历来是重要研究内容，因此，本节将退耕还林工程对不同等分组样本农户生产效率的影响进行回归分析。第一，根据表 6–9 的不同等分组样本农户生产效率的回归结果，可获得：5 等分组样本农户参与退耕还林工程后，工程对各等分组样本农户总生产效率和种植业生产效率影响各异。首先，在参与情况和参与强度两方面，退耕还林工程均对第 2 组和第 5 组样本农户总生产效率产生了正向影响，影响系数分别为 1.9190 和 0.4768、3.1311 和 0.6305，且分别在 10% 和 5%、1% 和 1% 统计水平上显著。其中退耕还林工程对第 2 等分组影响显著，这是因为较低等分组生产效率退耕还林之前较低，因而退耕还林工程对其总生产效率提高效果较明显。而退耕还林工程对第 1 等分组影响为正但不显著，则是因为参与退耕还林工程前第 1 等分组的总生产效率为 0.757，低于

表6－9 退耕还林工程对不同等级分组样本农户生产效率影响的经验性结果

变量	1等分农户生产效率		2等分农户生产效率		3等分农户生产效率		4等分农户生产效率		5等分农户生产效率	
	(1)	(2)	(3)	(4)	(5)	(6)	(7)	(8)	(9)	(10)
退耕还林情况（是=1；否=0）	0.2455 (0.8249)		1.9190* (1.1163)		1.1393 (1.6534)		0.4758 (1.0106)		3.1311*** (0.9844)	
退耕地造林面积（亩）		0.0979 (0.1355)		0.4768** (0.1873)		0.3376 (0.2831)		0.2358 (0.1669)		0.6305*** (0.1594)
户主年龄（岁）	5.7379** (2.2586)	5.3522** (2.2547)	2.2321 (2.7318)	1.1726 (2.7377)	15.6096*** (4.4153)	14.4341*** (4.4250)	12.8586*** (2.8475)	11.5806*** (2.8587)	-0.3411 (1.7483)	-0.6014 (1.7438)
受教育年数（年）	0.3079 (0.2611)	0.2974 (0.2612)	-0.2131 (0.3432)	-0.2189 (0.3425)	1.0030** (0.4850)	0.9943** (0.4848)	0.4061 (0.3200)	0.4005 (0.3199)	-0.0344 (0.2827)	-0.0194 (0.2820)
户主干部虚拟变量（是=1；否=0）	0.5124 (1.5198)	0.5384 (1.5199)	-3.9426** (2.0009)	-3.9246** (1.9984)	-5.2462 (3.7006)	-5.3106 (3.6980)	-2.6787 (2.0801)	-2.6302 (2.0795)	-0.3464 (1.6545)	-0.6308 (1.6527)
家庭人口（人）	-0.1628 (1.1297)	-0.1962 (1.1292)	-1.2012 (1.3592)	-1.1987 (1.3580)	-2.9814 (2.0610)	-2.9700 (2.0605)	-4.0118*** (1.3749)	-3.9923*** (1.3744)	-1.2210 (1.2205)	-1.2921 (1.2194)
路况虚拟变量（已硬化=1；否=0）	4.7144*** (0.8498)	4.6790*** (0.8508)	3.7309*** (1.0872)	3.6610*** (1.0863)	0.4833 (1.6007)	0.4574 (1.6004)	0.6710 (1.0632)	0.6133 (1.0636)	1.3642 (0.9782)	1.3319 (0.9770)
距城镇距离（千米）	1.5103 (1.3498)	1.5152 (1.3490)	0.7273 (2.0651)	0.6436 (2.0631)	-2.9917* (1.7081)	-2.9656* (1.7073)	1.8606 (1.8318)	1.9505 (1.8322)	-0.3706 (0.6600)	-0.3924 (0.6580)
R^2	0.0291	0.0293	0.0143	0.0159	0.0170	0.0174	0.0214	0.0222		
样本量（个）	11180	11180	2240	11180	11180	11180	11180	11180	11180	11180

注：*，**，***分别表示参数估计在10%，5%，1%的统计水平上显著。

第 2 等分组 29.1% 。这说明第 1 等分组样本农户可能由于生产能力和学习能力较弱，对退耕还林政策的实施反应缓慢。而对第 5 等分组影响显著，则是由于高等分组群在动机和能力上，更容易通过学习先进生产技术和优化要素配置效率提高自身的生产效率。而第 3、第 4 中高等分组则属于最不容易改变群体。另外，第 2 等分组的户主是干部不利于提高样本农户总生产效率，影响系数分别是 - 3.9426 和 - 3.9246，且分别在 1% 和 5% 统计水平上显著。这可能是因为村干部需花费更多时间管理村内事务，而不适宜外出务工，导致其选择在本地从事第一产业活动，而第一产业活动相对于第二、第三产业而言，其生产效率较低。而路面硬化则有利于第 1、第 2 等分组总生产效率的提高，原因可能是由于路面硬化有利于样本农户外出打工，从而提高了样本农户总生产效率。

　　第二，退耕还林工程对不同等分组样本农户种植业生产效率影响的经验性结果见表 6 - 10。表 6 - 10 表明，在参与情况和参与强度两方面，退耕还林对样本农户种植业生产效率的影响呈现出 "U" 型。即对第 1、第 2 和第 4、第 5 等分组均产生了显著性影响，影响系数分别是 2.0844 和 0.3779、2.9438 和 0.5494、1.9457 和 0.3630、1.5687 和 0.2949，且分别具有 1% 和 1%、5% 和 5%、1% 和 1%、5% 和 1% 的统计显著性。但对第 3 等分组不具有显著性影响。这说明退耕还林工程的实施将样本农户劣质耕地退为林地，直接导致了样本农户耕地数量减少而质量提高。而第 1、第 2 低等分组样本农户由于生产能力弱，面对减少的耕地数量，为了保障家庭生活口粮，必然精耕细作、增加劳动力等生产要素投入，从而短期内促进了种植业生产效率。第 4、第 5 高等分组样本农户则由于本身具有较高的种植业生产能力，参与退耕还林后能迅速地优化生产要素配置和实施规模化经营。而第 3 等分组作为具有中等生产效率的样本农户群体，可能主要通过外出务工的方式应对退耕还林实施导致的耕地数量减少，从而对其种植业生产效率无显著影响。另外，依据分项估计结果，相对于对中低等分组影响系数为正，户主年龄对种植业第 4、第 5 高等分组的影响系数分别是 - 0.7243 和 - 0.9068、- 1.4811 和 - 1.5362。

表6-10　退耕还林工程对不同等分组样本农户种植业生产效率影响的经验性结果

变量	1等分农户生产效率		2等分农户生产效率		3等分农户生产效率		4等分农户生产效率		5等分农户生产效率	
	(1)	(2)	(3)	(4)	(5)	(6)	(7)	(8)	(9)	(10)
退耕还林情况（是=1；否=0）	2.0844*** (0.7841)		2.9438** (1.4943)		1.0506 (1.3592)		1.9457*** (0.7348)		1.5687** (0.6535)	
退耕地造林面积（亩）		0.3779*** (0.1230)		0.5494** (0.2506)		0.1273 (0.2136)		0.3630*** (0.1148)		0.2949*** (0.1067)
户主年龄（岁）	1.5809 (1.5936)	1.4663 (1.5838)	3.3506 (2.9278)	3.4375 (2.9060)	2.3257 (2.4647)	2.4713 (2.4525)	-0.7243 (1.4393)	-0.9068 (1.4319)	-1.4811 (1.1629)	-1.5362 (1.1611)
受教育年数（年）	0.1395 (0.1881)	0.1427 (0.1870)	0.3963 (0.4897)	0.4088 (0.4896)	0.4234 (0.3648)	0.4312 (0.3647)	0.0139 (0.1759)	0.0250 (0.1756)	0.0463 (0.1413)	0.0434 (0.1412)
户主干部虚拟变量（是=1；否=0）	-0.1946 (1.1341)	-0.3119 (1.1303)	-2.0805 (2.5435)	-2.1449 (2.5439)	-0.0359 (2.1893)	-0.0399 (2.1931)	-1.1345 (1.3533)	-1.2065 (1.3501)	1.4990 (1.3848)	1.3846 (1.3852)
家庭人口（人）	-0.0604 (0.9169)	-0.0929 (0.9124)	-0.4128 (1.6863)	-0.5581 (1.6864)	-4.1882** (1.6583)	-4.2094** (1.6593)	-0.8487 (0.8584)	-0.8762 (0.8578)	-0.0469 (0.7558)	-0.0521 (0.7568)
路况虚拟变量（已硬化=1；否=0）	0.5006 (0.7553)	0.5495 (0.7521)	2.4221 (1.5007)	2.3620 (1.4993)	0.8684 (1.3797)	0.8917 (1.3805)	0.1800 (0.7185)	0.1615 (0.7181)	1.8855*** (0.6666)	1.8488*** (0.6668)
距城镇距离（千米）	0.0710 (0.5636)	0.0505 (0.5610)	-0.6138 (0.9326)	-0.7857 (0.9302)	-1.2800 (1.0368)	-1.2589 (1.0375)	-0.0326 (0.5137)	-0.0247 (0.5134)	-0.0774 (0.4874)	-0.0867 (0.4872)
样本量（个）	2240	2240	2240	2240	2240	2240	2240	2240	2240	2240

注：*、**、*** 分别表示参数估计在10%、5%、1% 的统计水平上显著。

这说明年龄大的样本农户多年积累的种植业耕作经验有利于低等分组的家庭土地分散经营，而不利于高等分组种植业规模化经营所需的高新技术和管理经验。户主为干部对第 5 等分组种植业生产效率影响为正，主要是因为退耕前种植业生产效率高的组群更倾向于在本地从事林牧渔业经营活动或耕地的规模化经营，而户主为干部则具有较强的社会关系，在产品需求和产品销售信息方面具有优势。家庭人口整体对各等分组都影响系数均为负数，特别是对第 3 等分组（中等生产效率群体）产生了显著负向影响。这说明家庭人口数量不利于样本农户种植业生产效率的提高。路面硬化对各等分组的影响均为正，特别是第 5 等分组影响系数分别是 1.8855 和 1.8488，统计显著性均为 1%。这说明路面硬化有利于第 5 等分组样本农户（生产效率高的组群）将其种植业生产经营成果销售出去。

第7章　退耕还林工程对农户收入及其结构的影响分析

提高退耕农户的收入水平和改善退耕农户的生存状况，是巩固退耕还林工程实施成果的根本保障。从理论角度看，一是政府的退耕还林财政补偿能够促进参与工程农户的收入增加；二是工程通过改变退耕区域的土地利用结构，减少农户种植业劳动时间，促进农户劳动力向非农行业转移，以及改变了农户生产结构，从而对农户收入产生影响；三是工程改善了生态环境，增加了自然资源，提高了耕地种植生产力，能够实现退耕农户生态补偿增收。可见，工程的生态效益和收入效益同等重要。这与 2020 年《中共中央　国务院关于抓好"三农"领域重点工作确保如期实现全面小康的意见》和《中共中央　国务院关于新时代推进西部大开发形成新格局的指导意见》提出"扩大贫困地区的退耕还林还草规模，在深入实施水土保持，退耕还林还草等重点生态工程的同时，提高贫困地区农户收入"，以及 2023 年《中共中央　国务院关于做好 2023 年全面推进乡村振兴重点工作的意见》提出"坚持农业农村优先发展，坚决守牢确保粮食安全、防止规模性返贫等底线，加快建设农业强国"的观点一致。

退耕还林工程的目标不仅要实现生态效益，还要解决农户的长远生计和增收致富。农户收入取决于土地、劳动力、资本等生产要素投入数量及其配置，而退耕还林工程将影响农户生产要素投入的数量、技术结构和生产效率。农户为了实现收入的最大化，必然调整生产要素配置和提高配置效率，从而将改变农户收入及其结构。所以，在退耕还林工程对农户收入影响的研究中，首先需要考虑退耕还林工程对农户不同生产要素配置和生产效率的影响，并依此准确地测度退耕还林工程对农户收入的影响程度。土地、劳动力和资本是农户可支配的三大重要生产要素，而大多研究只考虑其中一种要素配置行为而忽略了家庭生产要素配置的联合决策。农户生产要素配置往往是三种生产要素综合决策，以获得最大的效用，而不会只考虑其中一种要素的配置。尽管某些研究也考虑了其他生产要素配置行为的影响，如在劳动力转移模型中加入土地流转变量，但是从经济学角度可知，农户是一个单独的生产单元，为了满足生产要求，需要在各个要素之间进行协调配置，要素之间往往是相互影响、相互替代的。因此，对三大生产要素配置的综合决策探究将对增加农户收入和提高农户生产效率具有积极的促进作用。退耕还林工程的实施直接引起了农户土地面积产生变化，从而推动农户其他生产要素与土地规模相适应以提高生产效率。退耕还林工程导致耕地面积减少后，农户是通过土地流转形成规模化生产，或是在现有耕地上增加劳动力和资本投入强度实施"精耕细作"形成集约化经营，抑或是随着耕地面积减少而降低劳动力和资本投入。这些变化是否会引起农户生产效率提高，从而影响农户收入？迄今为止，从试点到实施已 20 多年之久的退耕还林工程，其是否通过退耕还林政策、生产投入和生产效率的不同路径对农户收入变化产生影响？影响程度和贡献率如何？是否存在时空差异？是否实现了提高农户收入的政策目标？相关学者已对退耕还林工程对收入的影响研究取得一些理论成果。有学者认为退耕还林工程对农户收入产生了积极影响（刘璨等，2006），提高了农户人均纯收入及人均林业纯收入和人均非农纯收入（段伟等，2018），但存在明显的区域差异（王爱民，2005）。而有学者认为退耕还林工程对参与村庄的生态建设起到了积极作用，但未对农户纯收入产生明显影响（秦聪等，2017），工程对农民的增收效应十分微弱（徐晋涛等，2004；易福金，陈志颖，2006）。此外，也有学者依据巴伦和肯尼（Baron and Kenny，1986）验证中介效应的三个标准，指出农业补贴通过农业投入影响农业产出，农业生产成本对农业补贴具有完全中介效应，但不同要素投入的中介效应差异明显（李江一，2016）。需要说明的是，已有研究尚未充分考虑退耕还林工程启动以来中国社会经济和市场因素等的动态变化，如新冠疫情下粮食价格是否上涨问题等。已有研究具体包括：（1）诸多研究单一路径分析了退耕还林工程实施后农户收入及其结构的变化情况，尚未从多个路径考虑退耕还林政策对农户收入及其结构的中介传导效应。即退耕还林工程对农户生产要素、生产效率对农户收入影响的传导机制尚未受到充分重视。（2）有关退耕还林工程与收入关系的实证研究主要以短期、特定阶段和特定地区对不同类型农户的收入影响研究为主，而退耕还林工程对农户收入及其结构影响长期跟踪的、大范围实证研究尚未深入开展。

7.1　理论分析与研究假设

7.1.1　理论分析

基于前文的相关概念界定和基本理论阐述，本书对退耕还林工程对农户生产要素配置、生产效率和收入的影响进行经济学分析。退耕还林补贴会引起农户生产要素投入价值量及生产效率的变化，从而影响农户收益和福利水平。从农户微观主体视角，对退耕还林政策对不同退耕区域、不同生产效率水平和不同生产模式选择的农户收入差异的产生原因分析，以及实证检验退耕还林工程是否解决了我国的生态环境问题，是否实现了促进非农就业、调整农户生产结构及增加农户收入的目的。我国农村及其经济发展的方向是城镇化和去农业化，是增加农户收入。退耕还林工程显然有助于这一目标的完成。依据对已有研究文献的梳理分析可知，经营性收入与工资性收入是构成样本农户收入的主要组成部分。其中，经营性收入主要是指种植业、林业和畜牧渔业收入；工资性收入是指从事非农行业所带来的收入，具体包括外出打工及作为村干部所取得的工资性收入等；对于参与退耕农户来说，政府发放的退耕还林补贴也是其收入的重要组成部分。作为符合"理性经济人"假设的农户，在退耕还林政策背景下，面对既定市场现状及生产技术条件，会对其生产要素进行重新组合，实现规模经营或集约化生产等以提高生产要素配置效率，以及引入先进生产技术（例如投入先进机器设备等），从而实现其收入的最大化。对此，退耕还林工程对农户土地、劳动力和资本等要素配置、生产效率及收入的影响机理分析如下：

退耕还林工程对农户收入影响是多方面的，实现对生产要素高效配置及提高生产效率是提高农户收入水平的一个重要途径。工程减少了农户耕地面积，从而使部分劳动力脱离耕地。在此情况下，零星耕地实施规模经营将有利于农户增收。规模经营的本质是分工经济，以"生产要素配置、分工拓展与农业规模经营发展"为理论线索，规模经营是农户在要素约束条件下调整生产要素组合、改善要素配置效率的必然结果。同时，农户可能对剩余耕地增加投入、规模化经营和提高技术水平以带来种植业生产力的上升，耕地面积的减少则不会必然带来种植业收入及其在总收入中占比的下降。一方面，国家对退耕还林工程后续产业提供了相当大的政策支持，如在种植经济林果的部分地区，为农户提供了技术培训和政策优惠。随着林果产业规模的不断扩大，大部分农户从中获得了可观收益，如陕北地区农户的花椒种植收入。但若后续产业与当地资源禀赋出现错配，则可能降低农户收入。另一方面，农业规模经营将导致农户通过耕地流转而脱离耕地，成为城镇务工人员或农（林）业合作社成员，从而实现从小农经济、规模经济向替代经济的转变，即农户逐渐脱离对土地的依赖，实现从第一产业向第二产业和第三产业的过渡。政府想通过此种转变，在大力扩大农户收入来源和提高农户收入水平的前提下，以时间换空间的方式实现退耕区域生态环境的改善，从而最终实现退耕还林工程的生态建设目标和农户增收共赢的互补机制。此外，退耕还林工程及其他重点生态工程明显改善了退耕区脆弱的生态环境，提高了剩余耕地生产效率，也增加了退耕区农户的总收入。

7.1.2 研究假设

退耕还林工程通过发放补助把坡耕地或退化严重的耕地转化为林（草）地，并以生产要素投入和生产效率为传导介质，对农户收入及其结构产生影响。对此,本章将退耕还林工程对农户收入影响具体分为生产投入影响、生产效率影响和其他影响三部分。其中,将退耕还林工程以土地、劳动力和资本要素为传导介质对农户收入的影响界定为生产投入影响,将退耕还林工程以生产效率为传导介质对农户收入的影响界定为生产效率影响。研究退耕还林工程对农户收入影响时,可能会考虑其他影响路径,如退耕补贴的影响。因此,本书将退耕补助对农户收入影响界定为其他影响。

由于退耕还林工程实施后农户耕地面积减少,农户通过对退耕地上释放的剩余劳动力进行生产活动的再分配,可实现增收目的。农户的剩余劳动力时间与非农收入为正向变动关系,但是对于人均耕地较多的家庭来说,不易实现集约经营,从而难以实现向非农就业转移(Yao et al.,2010)。基于本书样本农户调研数据,随着退耕还林工程的推进,1999~2014年样本农户户均耕地面积由8.62亩减少至5.70亩,户均种植业劳动力由140.52人·天减少至94.84人·天,而户均种植业资本投入由415.43元增加至793.11元,户均种植业收入由1584.77元增加至4304.99元(1994年不变价格)。这表明退耕还林工程减少了样本农户种植业劳动时间,增加了种植业资本投入,改变了样本农户种植业生产方式,样本农户可能将剩余劳动时间向边际报酬率更高的非农生产转移,从而在保证种植业收入不会因耕地面积减少而下降之时,通过非农收入增加来提高样本农户总收入。在1999~2014年,退耕还林工程造成样本农户非农就业天数由130.24人·天上升至253.44人·天,同时非农收入在总收入中所占比重由38.66%上升至61.14%。非农就业是中国经济改革中农村收入增加的主要推动因素和力量(Parish et al.,1995;Zhang et al.,2002)。这些变化可能促进退耕还林工程对样本农户总收入产生正向影响,但具体对各行业收入的影响不同。为此,提出退耕还林工程对样本农户收入影响的理论模型假设如下:

H1:退耕还林工程实施通过影响生产要素配置对样本农户收入产生影响作用。同时,将H1分解为可以实证检验的两个分假设,H1a:退耕还林工程对样本农户收入产生影响;H1b:退耕还林工程对生产要素再配置对农户收入

产生影响。但具体影响因参与情况、参与退耕面积、参与时间与退耕区域
（黄河流域与长江流域）而不同。

退耕还林工程明显改变了样本农户的土地要素配置，进而推动劳动力、
资本要素与土地经营规模相适应以提高样本农户农业生产效率和总生产效率。
有关土地经营规模与农业生产效率的关系受到学者的广泛研究。有学者认为
土地非规模经营（即土地细碎化）对农业生产技术效率具有显著负向影响，
降低了农业生产效率（黄祖辉等，2014）。土地适度规模经营是农业技术进步
的前提①和农业现代化的重要发展方向，但在我国仍需长期努力，把握好"适
度"的具体内涵。② 也有学者认为土地规模的扩张会对农业生产效率产生负向
影响，但也可能随着时间推移而逐渐缩小这种影响（Gautam and Ahmed，
2018）。部分学者认为耕地规模扩大有利于机械化操作和先进技术的运用，从
而提高生产技术效率（沈雪等，2017）。不过也有研究表明土地规模与农户生
产技术效率之间无线性关系，而是呈现一种"U"型（杨万江等，2016）或
倒"U"型关系（周曙东等，2013；陈杰和苏群，2016）。退耕还林工程的实
施使得样本农户耕地规模发生变化，但是否改变了样本农户的农业生产效率，
从而影响样本农户收入，则需要对退耕还林工程实施效果进行有效验证。为
验证退耕还林工程对生产效率和农户收入的影响关系，提出了退耕还林工程
对样本农户收入影响的理论模型假设如下：

H2：退耕还林工程实施通过影响农户生产效率对农户收入产生影响作用。
同时，将 H2 分解为可以实证检验的两个分假设，H2a：退耕还林工程对农户
收入产生影响；H2b：退耕还林工程通过影响生产效率对农户收入产生影响。
但具体影响因参与情况、参与退耕面积、参与时间与退耕区域（黄河流域与
长江流域）而不同。

退耕还林工程减少了农户耕地面积，若农户获得的退耕补贴收入高于因

---

① 何秀荣. 关于我国农业经营规模的思考［J］. 农业经济问题，2016，37（9）：4 - 15.
② 韩旭东，王若男，杨慧莲，等. 土地细碎化、土地流转与农业生产效率——基于全国 2745 个
农户调研样本的实证分析［J］. 西北农林科技大学学报（社会科学版），2020，20（5）：143 - 153.

改变种植业生产方式而产生的机会成本,那么退耕还林工程将会促进农户收入的增加。同时,如果种植业的生产力因为技术进步和投入增加而不断上升,种植业收入及其在总收入中的比重必然不会因为耕地面积的减少而降低。自工程实施以来,样本农户种植业生产发生了较大变化。基于本书调研数据,1999~2014 年样本农户平均总收入从 1999 年的 5124.46 元上升到 2014 年的 16035.28 元,增长 10910.82 元,涨幅 212.92%;非农收入增长最为明显,从 1981.18 元上升到 9804.35 元,涨幅 394.87%(1994 年不变价格)。此外,不同区域的退耕还林政策、实施方式、实施强度及实施进度差异对农户收入产生了不同影响。这些变化似乎强化了退耕还林工程对农户收入的直接影响,为此提出工程对农户收入影响的理论模型假设如下:

H3:考虑到种植业收入的实际增长及退耕还林补贴对退耕地机会成本的补偿,退耕还林工程将通过财政补贴影响路径对样本农户收入产生作用。但具体影响因参与情况、参与退耕面积、参与时间与退耕区域(黄河流域与长江流域)而不同。

退耕还林工程对农户收入的综合影响具体包括生产投入影响、生产效率影响和其他影响,其综合影响系数是上述三个影响路径系数之和。基于样本农户调研数据,对上述理论假设进行经验性验证,不仅可以对退耕还林工程的经济、生态效果评价提供一种尝试,而且使退耕还林工程对农户收入影响的经验性结果更为精准和有效。分析框架如图 7-1 所示。

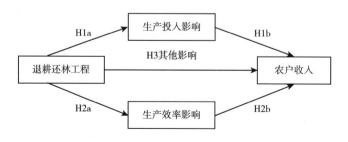

图 7-1 退耕还林对农户收入影响的机理分析

7.2　模型设置与研究方法

7.2.1　模型设置

一般而言，生产投入影响产出，产出决定收入。对农户来说，生产投入的生产要素数量及其配置组合决定了收入水平。退耕还林工程实施在一定程度上改变了农户生产要素的配置组合，并影响了生产效率，这些最终将导致农户收入及其结构的改变。已有研究文献一般采用单方程计量经济学模型检验政策制度和农民收入之间的影响关系，多强调政策制度的单方向作用，而忽略了变量之间的内生性与双向因果关系，以及由此造成的模型误设或异方差问题。而从系统理论角度，联立方程计量经济学模型考虑了变量之间的相互作用，能有效地表达经济系统之间的相互联系。因此，本章采用联立方程计量经济学模型，依据退耕还林工程对农户生产要素配置、生产效率影响的估计结果，分析和测度退耕还林工程对农户收入及其结构的影响程度和贡献率。

基于上节理论分析，退耕还林工程对农户的生产行为影响包括了生产投入影响、生产效率影响和其他影响。退耕还林工程导致农村剩余劳动力的增加和农户生产效率的改变，促使农户劳动力由种植业向其他行业和非农生产转移，同时增加了农户收入来源。因此，基于上述分析，本章将样本农户是否参与退耕还林工程、退耕地造林面积和退耕年数作为政策变量，由于不同区域退耕补助标准和实施强度、实施进度的不同，依据黄河流域和长江流域分别设置了退耕还林政策地域变量和年数变量。控制变量包括户主与家庭禀赋特征、村庄特征和市场环境。其中，农户所在地区的资源禀赋（如所处的自然环境和资源禀赋存量）及其自身因素（如受教育程度）会影响农户生产要素的配置，道路状况则决定了交通是否便利以及农户的运输成本等。同时，将样本农户收入区分为林业收入、种植业收入、以土地为基础收入、总收入和非农收入，并将其作为被解释变量，建立了以耕地面积、林地面积、林业劳动力、种植业劳动力、非农劳动力、林业资本、种植业资本、以土地为基础资本，以及种植业生产效率和总生产效率为解释变量的计量经济学模型，以便分别以生产要素和生产效率为传导介质测度退耕还林工程实施后农户收入及其结构的变化情况。在此基础上，测度了退耕还林工程对样本农户各项收入的贡献率，并采用方差分析方法研究了退耕还林工程对不同收入水平和耕地规模样本农户的不同收入来源贡献值是否存在显著性差异。

7.2.1.1 以生产要素为传导介质对农户收入影响的模型设置

根据已有文献及上述分析，本章扩展并构建包含了生产要素（R）、农户收入（I）的联立方程模型为：

$$\ln R_{nit} = C_{Rnit} + \sum \alpha_{nj} \ln X_{njit} + \sum \beta_{nk} \ln Y_{nkit} + \sum \gamma_{nh} \ln Z_{nhit} + \mu_{Rnit}$$

$$(7-1)$$

$$\ln I_{mit} = C_{Imit} + \sum \delta_{mn} \ln R_{mnit} + \mu_{Imit} \quad (7-2)$$

式（7-1）是生产要素的计量经济学模型，式（7-2）是收入的计量经济学模型。所选变量与其定义见表7-1。式（7-1）和式（7-2）构成联立方程组，均采用双重差分固定效应进行估计，将式（7-1）代入式（7-2）可以得到退耕还林工程以生产要素为传导介质分别对样本农户的林业收入、种植业收入、以土地为基础收入、非农收入和总收入的影响。

表7-1   所选变量及其定义

定义	变量	定义	变量
I_1	林业收入（元）	X_1	家庭人口（人）
I_2	种植业收入（元）	X_2	户主干部虚拟变量（是 =1；否 =0）
I_3	以土地为基础收入（元）	X_3	户主受教育年数（年）
I_4	总收入（元）	Y_1	路况虚拟变量（硬化 =1；否 =0）
I_5	非农收入（元）	Y_2	距城镇距离（千米）

定义	变量	定义	变量
R_1	林地面积（亩）	Z_1	是否参与退耕还林（是 =1；否 =0）
R_2	耕地面积（亩）	Z_2	是否参与退耕还林（黄河流域）
R_3	林业劳动力（人·天）	Z_3	是否参与退耕还林（长江流域）
R_4	种植业劳动力（人·天）	Z_4	退耕地造林面积（亩）
R_5	以土地为基础劳动力（人·天）	Z_5	退耕地造林面积（黄河流域）
R_6	非农劳动力（人·天）	Z_6	退耕地造林面积（长江流域）
R_7	林业资本（元）	Z_7	退耕还林年数（年）
R_8	种植业资本（元）	Z_8	退耕还林年数（黄河流域）
R_9	以土地为基础资本（元）	Z_9	退耕还林年数（长江流域）
T_1	总生产效率	J、k、h	组内自变量的个数
T_2	种植业生产效率	n、m	组内因变量的个数
I	第 i 个样本农户	t	时间变量
C_R，C_I	截距	t^2	时间变量平方
α、β、γ、δ	待估参数	μ	误差项

7.2.1.2　以生产效率为传导介质对农户收入影响的模型设置

根据已有文献及上述分析，本章扩展并构建包含了生产效率（T）、农户收入（I）的联立方程模型为：

$$T_{mit} = C_{nit} + \sum \alpha_{nhit}\ln X_{nhit} + \sum \beta_{njit}\ln Y_{njit} + \sum \gamma_{nkit}\ln Z_{nkit} + \mu_{nit} \quad (7-3)$$

$$\ln I_{mit} = C_{Imit} + \sum \delta_{mn}\ln T_{mnit} + \mu_{Imit} \quad (7-4)$$

式（7-3）是生产效率的计量经济学模型，式（7-4）是收入的计量经济学模型。所选变量与其定义见表 7-1。式（7-3）和式（7-4）构成联立方程组，均采用双重差分固定效应进行估计，将式（7-3）代入式（7-4）可以得到退耕还林工程以生产效率为传导介质对样本农户种植业收入、总收入的影响。

7.2.2 研究方法

在总收入（种植业收入）模型中，农户的生产要素投入是决定其收入的主要因素，故除了考虑农户的家庭（x）、自然及市场环境特征（y）以及退耕还林政策（z）的影响之外，还需要考虑农户土地、劳动力和资本等生产要素投入的影响。农户的总收入（种植业收入）可定义为如下广义函数形式：

$$TR_{it}(FR_{it}) = \prod pf_{lit}^{\chi_i} \prod x_{kit}^{\alpha_k} \prod y_{mit}^{\beta_m} \prod e^{\gamma_n z_{nit}} \delta_i \varphi_{it} \qquad (7-5)$$

式中，TR 为农户总收入（FR 为种植业收入）；pf_l 为农户耕地面积与林地面积、以土地为基础的劳动力投入、非农活动劳动力投入和以土地为基础的资本投入（或为耕地面积、种植业劳动力和种植业资本）。

根据式（7-5）的估计结果，可以对退耕还林政策对农户总收入（种植业收入）的贡献度进行计算。一般而言，基于回归方程结果的贡献度测算常采用取全微分的方法。在某一阶段内，对因变量进行全微分，即可获得每个自变量对因变量的变化的贡献值。对农户总收入（种植业收入）函数实施全微分可获得：

$$\mathrm{d}TR(\mathrm{d}FR) = \sum \Delta pf_l \frac{\partial FL}{\partial pf_l} + \sum \Delta x_k \frac{\partial FL}{\partial x_k} + \sum \Delta y_m \frac{\partial FL}{\partial y_m} + \sum \Delta z_n \frac{\partial FL}{\partial z_n}$$

$$(7-6)$$

式中，$\mathrm{d}(\cdot)$ 表示取全微分，$\partial(\cdot)$ 表示求偏导。

对式（7-6）右侧部分实施归一化处理，即可获得第 h 个影响因素 z_h 对农户的总收入 $\mathrm{d}TR$（种植业收入 $\mathrm{d}FR$）变化的贡献率 w_h：

$$w_h = \Delta z_h \frac{\partial TR(\partial FR)}{\partial z_h} / \mathrm{d}TR(\mathrm{d}FR) \qquad (7-7)$$

另外，本章使用平衡面板数据和利用 Stata 14.0 统计软件，对农户生产要素与收入联立方程实施参数估计时，需做如下判断和操作：（1）在对模型进行估计之前，首先需要选择是采用随机效应模型还是固定效应模型，为此我们进行了 Bootstrap 的豪斯曼检验，结果表明，本章所有模型均可以拒绝固定效应估计结果和随机效应估计结果一致的假设，因此选用固定效应模型进行估计（检验的 *P* 值均等于 0）。（2）样本农户之间可能有一定的相关性或相似性，采用聚类稳健标准误（clustering robust standard error）的组内估计，可以消除序列相关或异方差影响，从而来提高参数估计的有效性。（3）在样本农户生产要素、收入联立方程和模型估计时控制农户的固定效应和年份的固定效应以实现双重差分，这样有助于消除部分内生性的问题。[①]（4）估计退耕还林工程对农户生产要素配置和收入联立影响时，同样会碰到农户的自主选择问题。尽管退耕还林工程的实施区域和时间是由政府决定的，因此只有农户的耕地符合参加退耕还林的条件时，农户才能决定是否参加。如果一个农户的耕地地块没有被划归在工程区内，这就意味着即使他愿意，农户也没有选择是否参加退耕还林工程的权利。所以，退耕还林工程在实际操作中带有很大的强制意义。某些学者进行了具体验证，[②] 结果表明农户参与退耕还林工程不具有自主选择问题。

7.3 退耕还林工程对农户收入影响的实证分析

退耕还林工程的实施会改变样本农户土地利用方式和生产模式，参与工程的样本农户可能会提高其剩余土地的种植业生产活动的投入强度，以及将剩余劳动力转移到其他行业和加大其他行业生产活动的资本投入强度。对此，本节在式（7-1）至式（7-4）的估计结果基础上，测算获得退耕还林工程对样本农户各项收入的生产投入影响、生产效率影响、其他影响及其综合影响。

① 周黎安，陈烨. 中国农村税费改革的政策效果：基于双重差分模型的估计［J］. 经济研究，2005（8）：44-53.

② 徐晋涛，陶然，徐志刚. 退耕还林：成本有效性、结构调整效应与经济可持续性——基于西部三省农户调查的实证分析［J］. 经济学（季刊），2004（4）：139-162；Yin R. S., Liu H., Liu C., Lu G. Households' Desicions to Participate in China's Sloping Land Conversion Program and Reallocate Their Labor Times：Is There Endogeneity Bias? ［J］. Ecological Economics, 2018（145）：380-390.

7.3.1 退耕还林工程对农户收入的生产投入影响

对式（7-1）和式（7-2）进行联立估计，得到退耕还林工程通过改变样本农户的生产要素投入对其各项收入产生影响。在从农户层面对退耕还林工程对其生产要素投入进行估算所获数值的基础上，把样本农户生产要素计量模型的估计结果（见表5-6和表5-7）代入样本农户收入计量模型（经验性结果见表7-2），计算得到退耕还林工程对样本农户林业收入、种植业收入、以土地为基础收入、非农收入和总收入的生产投入影响系数（见表7-3）。基于研究目的，本章在构建生产要素、收入计量经济学联立模型时，只选择了估计结果中具有显著性影响的变量进行考察，以期更精准地测算出退耕还林工程对样本农户各项收入的显著影响。

表7-2   样本农户生产要素对各项收入影响的经验性结果

变量	林业收入	种植业收入	以土地为基础收入	总收入	非农收入
	（1）	（2）	（3）	（4）	（5）
林地面积（亩）	0.0317 (0.0361)		0.0288 *** (0.0100)	0.0031 (0.0067)	
耕地面积（亩）		0.0595 *** (0.0217)	0.0266 * (0.0137)	0.0182 * (0.0094)	
林业劳动力（人·天）	0.1948 *** (0.0239)				
种植业劳动力（人·天）		0.1522 *** (0.0277)			
以土地为基础劳动力（人·天）			0.1429 *** (0.0253)	0.0369 *** (0.0125)	0.0520 (0.0344)
非农劳动力（人·天）	-0.0257 (0.0186)	0.0034 (0.0074)	-0.0018 (0.0061)	0.0598 *** (0.0045)	0.5674 *** (0.0208)
林业生产费用（元）	0.0859 *** (0.0272)				

续表

变量	林业收入	种植业收入	以土地为 基础收入	总收入	非农收入
	（1）	（2）	（3）	（4）	（5）
种植业生产费用（元）		0.2714 *** （0.0265）			
以土地为基础生产费用 （元）			0.1831 *** （0.0218）	0.0427 *** （0.0100）	
时间固定效应	YES	YES	YES	YES	YES
农户固定效应	YES	YES	YES	YES	YES
R^2	0.0676	0.2624	0.2474	0.2512	0.4148
样本量（个）	11180	11180	11180	11180	11180

注：* 、** 、*** 分别表示参数估计在 10%、5%、1% 的统计水平上显著。

表 7 – 3　　　　　退耕还林工程对样本农户各项收入的生产投入影响

变量	林业收入	种植业收入	以土地为基础收入	总收入	非农收入
退耕还林参与情况 （是 = 1；否 = 0）	0.3952	− 0.0734	0.0447	0.0014	0.1801
其中：参加退耕情况 （黄河流域）	0.3923	0.0610	0.1738	0.0634	0.3651
参加退耕情况 （长江流域）	0.4087	− 0.1775	− 0.0870	− 0.0266	—
退耕地造林面积（亩）	0.0648	− 0.0133	0.0138	0.0055	0.0390
其中：退耕地造林面积 （黄河流域）	0.0615	—	0.0256	0.0098	0.0607
退耕地造林面积 （长江流域）	0.0715	− 0.0349	− 0.0151	− 0.0051	—
参加退耕年数（年）	0.0975	− 0.0270	0.0070	0.0047	0.0489
其中：参加退耕年数 （黄河流域）	0.0297	0.0190	0.0350	0.0147	0.0673
参加退耕年数 （长江流域）	0.0276	− 0.0202	− 0.0163	− 0.0046	—

注："—"表示该变量在计量经济学模型中在 1%、5% 和 10% 统计水平上影响不显著。

如表 7 - 3 所示，从退耕参与情况来看，退耕还林工程对样本农户的林业收入、以土地为基础收入、总收入和非农收入的生产投入影响均为正，影响系数分别是 0.3952、0.0447、0.0014 和 0.1801；对样本农户的种植业收入影响为负，影响系数是 - 0.0734。分流域来看，退耕还林工程对黄河流域样本农户林业收入、种植业收入、以土地为基础收入、总收入和非农收入的生产投入影响均为正，影响系数分别是 0.3923、0.0610、0.1738、0.0634 和 0.3651；对长江流域样本农户林业收入影响为正，影响系数是 0.4087，对种植业收入、以土地为基础收入和总收入的生产投入影响为负，影响系数分别是 - 0.1775、- 0.0870、- 0.0266，对非农收入影响不显著。从退耕地造林面积来看，退耕还林工程对样本农户的林业收入、以土地为基础收入、总收入和非农收入的生产投入影响均为正，影响系数分别是 0.0648、0.0138、0.0055 和 0.0390；对样本农户的种植业收入影响为负，影响系数是 - 0.0133。分流域来看，退耕还林工程对黄河流域样本农户林业收入、以土地为基础收入、总收入和非农收入的生产投入影响系数分别是 0.0615、0.0256、0.0098 和 0.0607，对样本农户种植业收入影响无统计显著性；对长江流域样本农户种植业收入、以土地为基础收入、总收入影响系数分别是 - 0.0349、- 0.0151 和 - 0.0051，对样本农户林业收入和非农收入影响系数分别是 0.0715 和不显著。从退耕还林年数来看，退耕还林工程对样本农户的林业收入、以土地为基础收入、总收入和非农收入的生产投入影响均为正，影响系数分别是 0.0975、0.0070、0.0047 和 0.0489；对样本农户的种植业收入影响为负，影响系数是 - 0.0270。分流域来看，退耕还林年数对黄河流域样本农户林业收入、种植业收入、以土地为基础收入、总收入和非农收入的生产投入影响均为正，影响系数分别是 0.0297、0.0190、0.0350、0.0147 和 0.0673；对长江流域样本农户种植业收入、以土地为基础收入、总收入影响为负，影响系数分别是 - 0.0202、- 0.0163 和 - 0.0046，对样本农户林业收入和非农收入影响系数分别是 0.0276 和不显著。

总之，退耕还林工程实施带来了样本农户生产结构的改变，退耕还林工程通过改变生产要素配置对样本农户林业收入、以土地为基础收入、总收入和非农收入产生了正向影响，对种植业收入产生了负向影响。随着退耕强度和退耕进度的深入，退耕还林工程对样本农户的各项收入影响不断加强。分区域看，参加退耕还林年数对黄河流域样本农户各项收入产生正向影响；参加退耕还林年数，对长江流域样本农户林业收入产生正向影响，对非农收入影响作用不显著，对其他收入均产生负向影响作用。

7.3.2 退耕还林工程对农户收入的生产效率影响

退耕还林工程提高了样本农户的生产效率，这与之前学者观点一致（李桦等，2007）。但退耕还林工程以生产效率作为传导介质是否对样本农户收入产生影响，以及影响程度如何，尚未有学者展开深入研究。为此，基于联立方程，以生产效率为传导介质，把退耕还林工程对样本农户生产效率的估计参数（见表6–5和表6–6）代入收入计量经济学模型中，以获得退耕还林工程引起样本农户生产效率调整而带来的种植业收入和总收入的变化。对此，在联立估计式（7–3）和式（7–4）的基础上，测算得出退耕还林工程对样本农户种植业收入和总收入的生产效率影响（见表7–4）。分别从退耕参与情况、退耕地造林面积和退耕年数来看，退耕还林工程对样本农户种植业生产效率和总生产效率的影响均为正，影响系数分别是0.0140和0.0049、0.0026和0.0014、0.0021和0.0012；分流域来看，退耕还林工程对黄河流域样本农户的生产效率影响显著大于长江流域。

表7–4 退耕还林工程对样本农户总收入和种植业收入的生产效率影响

变量	种植业收入	总收入
参加退耕（是=1；否=0）	0.0140	0.0049
其中：参加退耕情况（黄河流域）	0.0225	0.0124
参加退耕情况（长江流域）	—	—
退耕地造林面积	0.0026	0.0014
其中：退耕地造林面积（黄河流域）	0.0037	0.0023

变量	种植业收入	总收入
退耕地造林面积（长江流域）	—	—
参加退耕年数	0.0021	0.0012
其中：参加退耕年数（黄河流域）	0.0055	0.0031
参加退耕年数（长江流域）	0.0038	

注："—"表示该变量在计量经济学模型中在1%、5%和10%统计水平上影响不显著。

7.3.3 退耕还林工程对农户收入的其他影响

基于退耕还林工程对样本农户各项收入的经验性回归结果（见表7-5），控制生产要素投入后退耕还林工程对样本农户总收入、以土地为基础收入的其他影响为正向显著，对林业收入、种植业收入和非农收入的其他影响无统计显著性（见表7-6）。具体而言，就退耕参与情况来看，退耕还林工程对样本农户总收入、以土地为基础收入的其他影响为正向显著，影响系数分别是0.0879、0.1861，对林业收入、种植业收入和非农收入的其他影响无显著性。就退耕地造林面积来看，退耕还林工程对样本农户的总收入、以土地为基础收入的其他影响为正向显著，影响系数分别是0.0261、0.0468，对林业收入、种植业收入和非农收入的其他影响无显著性。就退耕年数来看，退耕还林工程对样本农户的总收入和以土地为基础收入的其他影响为正向显著，影响系数分别是0.0184和0.0362。值得注意的是，退耕还林工程对样本农户总收入和以土地为基础收入（或种植业收入）的其他影响要高于其生产投入影响和生产效率影响，说明退耕还林补贴能抵消退耕还林工程实施带来的耕地面积和畜牧业生产规模减小等不利因素；而退耕还林工程对样本农户其他各行业收入的其他影响无显著性，则说明退耕还林补贴未能补偿样本农户退耕地的机会成本，也尚未实现样本农户劳动力向林业和非农行业的转移。分流域来看，退耕还林工程对黄河流域样本农户总收入的其他影响大于长江流域样本农户，而对长江流域样本农户以土地为基础收入的其他影响大于黄河流域其他各项收入。此外，随着退耕还林工程实施的推进，退耕还林工程对黄河流域样本农户以土地为基础收入和总收入的其他影响具有正向可持续性。

表7-5 　　　　　退耕还林工程对样本农户各项收入的经验性回归结果

变量	总收入	以土地为基础收入	林业收入	种植业收入	非农收入
退耕还林参与情况 （是 =1；否 =0）	0.0879 * (0.0402)	0.1861 *** (0.0590)	0.1794 (0.2178)	0.0452 (0.0852)	-0.1641 (0.1912)
其中：参加退耕情况 （黄河流域）	0.1308 * (0.0535)	0.1663 ** (0.0799)	0.4203 (0.3289)	0.0721 (0.1130)	0.0501 (0.2568)
参加退耕情况 （长江流域）	0.0553 (0.0505)	0.2021 *** (0.0758)	-0.0163 (0.2648)	0.0209 (0.1044)	-0.3589 (0.2577)
退耕地造林面积（亩）	0.0261 *** (0.0069)	0.0468 *** (0.0102)	0.0280 (0.0430)	0.0030 (0.0146)	-0.0277 (0.0321)
其中：退耕地造林面积 （黄河流域）	0.0303 *** (0.0093)	0.0417 ** (0.0799)	0.0684 (0.0612)	0.0072 (0.0183)	0.0013 (0.0410)
退耕地造林面积 （长江流域）	0.0214 ** (0.0080)	0.0525 *** (0.0758)	-0.0191 (0.0518)	-0.0023 (0.0187)	-0.0652 (0.0459)
参加退耕年数（年）	0.0184 * (0.0085)	0.0362 *** (0.0135)	0.1453 *** (0.0487)	-0.0249 (0.0168)	-0.0427 (0.0434)
其中：参加退耕年数 （黄河流域）	0.0276 ** (0.0107)	0.0257 * (0.0155)	0.0328 (0.0527)	0.0276 (0.0226)	0.0403 (0.0455)
参加退耕年数 （长江流域）	0.0096 (0.0104)	0.0146 (0.0164)	-0.0918 * (0.0533)	0.0140 (0.0244)	0.0063 (0.0477)
农户固定效应	YES	YES	YES	YES	YES
时间固定效应	YES	YES	YES	YES	YES
控制变量	YES	YES	YES	YES	YES
样本量（个）	11180	11180	11180	11180	11180

注：* 、** 、*** 分别表示参数估计在10% 、5% 、1% 的统计水平上显著。

表7-6   退耕还林工程对样本农户各项收入的其他影响

变量	总收入	以土地为基础收入	林业收入	种植业收入	非农收入
退耕还林参与（是=1；否=0）	0.0879	0.1861	—	—	—
其中：参加退耕情况（黄河流域）	0.1308	0.1663	—	—	—
参加退耕情况（长江流域）	—	0.2021			
退耕地造林面积（亩）	0.0261	0.0468	—	—	—
其中：退耕地造林面积（黄河流域）	0.0303	0.0417	—	—	—
退耕地造林面积（长江流域）	0.0214	0.0525	—	—	—
参加退耕年数（年）	0.0184	0.0362	—	—	—
其中：参加退耕年数（黄河流域）	0.0276	0.0257	—	—	—
参加退耕年数（长江流域）	—	—			

注："—"表示该变量在计量经济学模型中在1%、5%和10%统计水平上影响不显著。

7.3.4 退耕还林工程对农户各项收入的综合影响

依据退耕还林工程对样本农户收入的生产投入影响、生产效率影响及其他影响，可测算得到退耕还林工程对样本农户收入的综合影响。首先，依据退耕还林工程对样本农户生产要素影响的经验性结果（见表5-4、表5-6和表5-12）及生产效率影响的经验性结果（见表6-5和表6-6）与样本农户的生产要素、生产效率对种植业收入、总收入影响的经验性结果（见表7-7）的联立结果，可计算获得考虑生产效率影响的退耕还林工程对样本农户种植业收入、总收入的综合影响（见表7-8），并将其与不考虑生产效率影响的综合影响进行比较分析（见表7-9），以获得退耕还林工程以生产效率为传导介质对样本农户种植业收入、总收入的影响程度。

表7-7   样本农户生产要素对种植业收入、总收入影响的经验性结果

变量	种植业收入	总收入
林地面积（亩）		0.00633 (0.00664)
耕地面积（亩）	0.0689 *** (0.0204)	0.0195 ** (0.00939)

续表

变量	种植业收入	总收入
林业劳动力（人·天）		
种植业劳动力（亩）	0.1784 *** (0.0258)	
以土地为基础劳动力（亩）		0.0385 *** (0.0124)
非农劳动力（亩）	−0.0012 (0.0077)	0.0547 *** (0.00458)
林业生产费用（元）		
种植业生产费用（元）	0.2756 *** (0.0255)	
以土地为基础生产费用（元）		0.0440 *** (0.0101)
全要素生产率	0.0102 *** (0.0016)	0.00411 *** (0.000638)
时间固定效应	YES	YES
农户固定效应	YES	YES
R^2	0.2925	0.2980
样本量（个）	11180	11180

注：* 、** 、*** 分别表示参数估计在 10% 、5% 、1% 的统计水平上显著。

表 7 – 8　　**退耕还林工程对样本农户种植业收入的综合影响比较**

变量	种植业收入 （不考虑效率影响）			种植业收入 （考虑效率影响）			
	生产投 入影响	其他 影响	综合 影响	生产投入 影响	生产效 率影响	其他 影响	综合 影响
退耕还林参与情况 （是 =1；否 =0）	−0.0734	—	−0.0734	−0.0746	0.0140	—	−0.0606
其中：参加退耕情况 （黄河流域）	0.0610	—	0.0610	0.0715	0.0225	—	0.094

变量	种植业收入 （不考虑效率影响）			种植业收入 （考虑效率影响）			
	生产投入影响	其他影响	综合影响	生产投入影响	生产效率影响	其他影响	综合影响
参加退耕情况 （长江流域）	−0.1775	—	−0.1775	−0.1911	—	—	−0.1911
退耕地造林面积（亩）	−0.0133	—	−0.0133	−0.0135	0.0026	—	−0.0109
其中：退耕地造林面积 （黄河流域）	—	—	—	—	0.0037	—	0.0037
退耕地造林面积 （长江流域）	−0.0349	—	−0.0349	−0.0380	—	—	−0.038
参加退耕年数（年）	−0.0270	—	−0.0270	−0.0275	0.0021	—	−0.0254
其中：参加退耕年数 （黄河流域）	0.0190	—	0.0190	0.0222	0.0055	—	0.0277
参加退耕年数 （长江流域）	−0.0202	—	−0.0202	−0.0210	0.0038	—	−0.0172

注："—"表示该变量在计量经济学模型中在1%、5%和10%统计水平上影响不显著。

就退耕还林参与来看，考虑生产效率影响的退耕还林参与对样本农户种植业收入综合影响系数是−0.0606，其中，生产投入、生产效率和其他的影响系数分别是−0.0746、0.0140和无显著影响；不考虑生产效率影响的退耕还林参与对样本农户种植业收入综合影响系数是−0.0734，考虑生产效率影响的综合影响系数比不考虑的增加了0.0128，增长比率是17.44%。分流域来看，无论是否考虑生产效率影响，退耕还林工程对黄河流域样本农户种植业收入的综合影响为正，而对长江流域的综合影响为负。其中，对黄河流域样本农户种植业收入的生产效率影响系数是0.0225，而对长江流域样本农户无显著影响。就退耕地造林面积来看，考虑生产效率影响的退耕地造林面积对样本农户种植业收入综合影响系数是−0.0109，其中生产投入、生产效率和其他影响系数分别是−0.0135、0.0026和无显著影响；不考虑生产效率影响的退耕地造林面积对样

表7-9 退耕还林工程对样本农户各项收入的综合影响

变量	林业收入（不考虑总生产效率）			种植业收入（不考虑总生产效率）			以土地为基础收入（不考虑总生产效率）			总收入（不考虑总生产效率）			非农收入（不考虑总生产效率）		
	生产投入影响	其他影响	综合影响	生产投入影响	其他影响	综合影响	生产投入影响	其他影响	综合影响	生产投入影响	其他影响	综合影响	生产投入影响	其他影响	综合影响
退耕还林参与情况（是=1；否=0）	0.3952	—	0.3952	−0.0734	—	−0.0734	0.0447	0.1861	0.2308	0.0014	0.0879	0.0893	0.1801	—	0.1801
其中：参加退耕情况（黄河流域）	0.3923	—	0.3923	0.0610	—	0.0610	0.1738	0.1663	0.3401	0.0634	0.1308	0.1942	0.3651	—	0.3651
参加退耕情况（长江流域）	0.4087	—	0.4087	−0.1775	—	−0.1775	−0.0870	0.2021	0.1151	−0.0266	—	−0.0266	—	—	—
退耕地造林面积（亩）	0.0648	—	0.0648	−0.0133	—	−0.0133	0.0138	0.0468	0.0606	0.0055	0.0261	0.0316	0.0390	—	0.0390
其中：退耕地造林面积（黄河流域）	0.0615	—	0.0615	—	—	—	0.0256	0.0417	0.0673	0.0098	0.0303	0.0401	0.0607	—	0.0607
退耕地造林面积（长江流域）	0.0715	—	0.0715	−0.0349	—	−0.0349	−0.0151	0.0525	0.0374	−0.0051	0.0214	0.0163	—	—	—
参加退耕年数（年）	0.0975	0.1453	0.2428	−0.0270	—	−0.0270	0.0070	0.0362	0.0432	0.0047	0.0184	0.0231	0.0489	—	0.0489
其中：参加退耕年数（黄河流域）	0.0297	—	0.0297	0.0190	—	0.0190	0.0350	0.0257	0.0607	0.0147	0.0276	0.0423	0.0673	—	0.0673
参加退耕年数（长江流域）	0.0276	−0.0918	−0.0642	−0.0202	—	−0.0202	−0.0163	—	−0.0163	−0.0046	0	−0.0046	—	—	—

注："—"表示该变量在计量经济学模型中在1%、5%和10%统计水平上影响不显著。

本农户种植业收入综合影响系数是 -0.0133，考虑生产效率影响的比不考虑的增加了 0.0024，增长比率是 18.05%。分流域来看，无论是否考虑生产效率影响，退耕还林工程对黄河流域样本农户的综合影响为正或不显著，而对长江流域的综合影响为负。其中，对黄河流域样本农户种植业收入的生产效率影响系数是 0.0037，而对长江流域样本农户无显著影响。就退耕还林年数来看，考虑生产效率影响的退耕还林年数对样本农户种植业收入综合影响系数是 -0.0254，其中，生产投入、生产效率和其他影响系数分别是 -0.0275、0.0021 和无显著影响；不考虑生产效率影响的退耕还林年数对样本农户种植业收入综合影响系数是 -0.0270，考虑生产效率的综合影响系数比不考虑的增加了 0.0016，增长比率是 5.93%。分流域来看，无论是否考虑生产效率影响，退耕还林年数对黄河流域样本农户的综合影响为正，而对长江流域的综合影响为负。其中，对黄河流域和长江流域样本农户的生产效率影响系数分别是 0.0055 和 0.0038，对黄河流域样本农户的生产效率影响大于长江流域样本农户。

以上分析结果说明，从退耕还林参与情况、参与退耕地面积和参与退耕时间三方面来看，退耕还林工程总体上导致了样本农户种植业收入的减少，但通过生产效率的传导影响路径促进了样本农户种植业收入的增加。分流域来看，退耕还林工程对黄河流域样本农户生产效率的正向影响更大，说明退耕还林工程可能提高了黄河流域样本农户的种植业技术和规模经营，而对长江流域样本农户影响相对较弱。

依据退耕还林工程对样本农户生产要素影响的经验性结果（见表5-4、表5-6和表5-12）及生产效率影响的经验性结果（见表6-5和表6-6）与样本农户生产要素、生产效率对总收入影响的经验性结果的联立结果（见表7-7），可计算获得考虑生产效率影响的退耕还林工程对样本农户总收入的综合影响系数（见表7-10），并与不考虑生产效率影响的综合影响系数进行比较分析（见表7-8）。就退耕还林参与来看，考虑生产效率影响的退耕还林工程对样本农户总收入综合影响系数是 0.0866，其中，生产投入、生产效率和其他影响系数分别是 0.0016、0.0049 和 0.0801；不考虑生产效率影响的综合影响系数是 0.0893，考虑生产效率影响的比不考虑的减少了 0.0027，降低了 3.02%。分流域来看，退耕还林工程对黄河流域样本农户的综合影响为正，对长江流域的综合影响为负，且退耕还林工程对黄河流域、长江流域的综合影响均是考虑生产效率的小于不考虑的。

表 7 - 10　　　　　退耕还林工程对样本农户总收入的综合影响比较

变量	总收入（不考虑效率影响）			总收入（考虑效率影响）			
	生产投入影响	其他影响	总体影响	生产投入影响	生产效率影响	其他影响	总体影响
退耕还林参与 （是 =1；否 =0）	0.0014	0.0879	0.0893	0.0016	0.0049	0.0801	0.0866
其中：参加退耕情况 （黄河流域）	0.0634	0.1308	0.1942	0.0612	0.0124	0.1039	0.1775
参加退耕情况 （长江流域）	− 0.0266	—	− 0.0266	− 0.0277	—	—	− 0.0277
退耕地造林面积（亩）	0.0055	0.0261	0.0316	0.0052	0.0014	0.024	0.0306
其中：退耕地造林面积 （黄河流域）	0.0098	0.0303	0.0401	0.0094	0.0023	0.0255	0.0372
退耕地造林面积 （长江流域）	− 0.0051	0.0214	0.0163	− 0.0053	—	0.0225	0.0172
参加退耕年数（年）	0.0047	0.0184	0.0231	0.0040	0.0012	0.0162	0.0214
其中：参加退耕年数 （黄河流域）	0.0147	0.0276	0.0423	0.0141	0.0031	0.025	0.0422
参加退耕年数 （长江流域）	− 0.0046	—	− 0.0046	− 0.0048	—	—	− 0.0048

注："—"表示该变量在计量经济学模型中在 1%、5% 和 10% 统计水平上影响不显著。

就退耕地造林面积来看，考虑生产效率影响的退耕工程对样本农户总收入综合影响系数是 0.0306，其中，生产投入、生产效率和其他影响系数分别是 0.0052、0.0014 和 0.0240；不考虑生产效率影响的退耕工程对样本农户总收入综合影响系数是 0.0316，考虑生产效率影响的综合影响系数比不考虑的减少了0.001，降低了3.16%。分流域来看，退耕还林工程对黄河流域样本农户的综合影响大于长江流域，且对长江流域的综合影响，考虑生产效率影响的大于不考虑的，对黄河流域的综合影响则相反。

就退耕还林年数来看，考虑生产效率影响的退耕还林工程对样本农户总收入综合影响系数是0.0214，其中，生产投入、生产效率和其他影响系数分别是0.0040、0.0012和0.0162；不考虑生产效率影响的退耕还林工程对样本农户总收入综合影响系数是0.0231，考虑生产效率影响的比不考虑的减少了0.0017，降低了7.36%。分流域来看，退耕还林年数对黄河流域样本农户总收入的综合影响为正，而对长江流域影响为负；且退耕还林年数对黄河流域、长江流域考虑生产效率影响的综合影响均小于不考虑的。

以上分析结果说明，从退耕还林参与情况、参与退耕地面积和参与退耕时间三方面来看，退耕还林工程促进了样本农户总收入的增加，但生产效率影响路径促进作用不明显。分流域来看，退耕还林工程对黄河流域样本农户总收入的综合影响为正，而对长江流域的综合影响多数为负。

7.4 退耕还林工程对农户收入贡献率的估计与分析

上节测算分析了退耕还林工程对样本农户收入的影响，但尚未考虑退耕还林工程对样本农户收入影响的贡献程度和对不同收入水平及耕地规模样本农户收入影响是否存在显著差异。对此，本节在利用联立方程所得估计系数的基础上，测算退耕还林工程对样本农户各项收入贡献率，并采用方差分析方法考察退耕还林工程对样本农户收入贡献率是否在不同收入水平、不同耕地规模的样本农户之间存在显著性差异。

7.4.1 农户收入的贡献率测算结果分析

退耕还林工程对样本农户总收入、种植业收入的贡献率如表7-11所示。1999~2014年退耕还林工程对样本农户总收入贡献率为正。其中考虑效率影响的退耕还林工程对样本农户总收入贡献率是 7.18%，比不考虑效率影响的贡献率 7.41% 减少了 0.23%。分退耕时间来看，将 2007～2014 年与 1999～2006 年退耕还林工程对样本农户总收入的贡献率相比较，其中不考虑和考虑效率影响的贡献率分别是 0.55% 和 0.53%、10.78% 和 10.46%。2007～2014 年退耕还林工程对样本农户总收入贡献率显著降低，这是因为 2007 年始大部分样本农户进入退耕延长期所致。分退耕区域来看，退耕还林工程对黄河流域样本农户总收入贡献率为正，对长江流域为负，考虑了效率影响的贡献率均小于未考虑的。以上分析结果说明，一方面退耕还林工程促进了样本农户总收入的增加，但 2007～2014 年比较 1999～2006 年，退耕还林工程对样本农户总收入的贡献率降低了 95%。一方面，因为 2007 年始延长期退耕补贴减半之后，退耕补贴对样本农户增收没有实现可持续性，样本农户增收仍需依赖于生产经营模式、就业结构的变化和拓宽样本农户收入来源；另一方面，退耕还林工程以生产效率为传导介质对样本农户总收入的促进作用不明显，这可能与样本农户缺乏先进生产技术、生产要素配置效率不高及非农就业稳定性较差有关。同时，退耕还林工程对样本农户总收入的贡献率存在显著的区域差异，特别是对黄河流域样本农户总收入的正向贡献较大。退耕还林工程促进"农户增收"重在"有的放矢"，政府实施的第一轮退耕还林工程间接地瞄准了黄河流域贫困地区，发挥了一定的增收效应。

表 7-11　　　退耕还林工程对样本农户总收入和种植业收入的贡献率　　　单位:%

类型		1999～2006 年		2007～2014 年		1999～2014 年	
		不考虑效率	考虑效率	不考虑效率	考虑效率	不考虑效率	考虑效率
总收入	全部样本	10.78	10.46	0.55	0.53	7.41	7.18
	黄河流域	26.37	24.11	2.54	2.32	21.96	20.07
	长江流域	-2.96	-3.08	-0.07	-0.08	-1.78	-1.86
种植业收入	全部样本	-31.46	-25.98	-0.43	-0.35	-9.50	-7.84
	黄河流域	25.95	39.98	1.10	1.69	11.63	17.93
	长江流域	-76.88	-82.77	0.07	0.08	-16.36	-17.62

1999～2014 年退耕还林工程对样本农户种植业收入贡献率为负，其中考虑效率影响的是 -7.84%，比不考虑效率影响的 -9.50% 增加了 17.47%。分退耕时间来看，将 2007～2014 年与 1999～2006 年退耕还林工程对样本农户种植业收入的贡献率相比较，其中考虑和不考虑效率影响的贡献率分别是 -0.35% 和 -0.43%、-25.98% 和 -31.46%。分退耕区域来看，退耕还林工程对黄河流域样本农户种植业收入贡献率为正，对长江流域为负。退耕还林工程对考虑了效率影响的黄河流域样本农户种植业收入贡献率大于未考虑的，对考虑了效率影响的长江流域样本农户种植业收入贡献率则小于未考虑的。但 2007～2014 年退耕还林工程对长江流域样本农户种植业收入促进作用增长显著，且考虑了效率影响的长江流域样本农户种植业收入贡献率大于未考虑的。以上分析结果说明，一方面，退耕还林工程降低了样本农户种植业收入，这可能是因为退耕还林工程直接导致了样本农户耕地经营面积的减少，而种植业集约化经营又尚未形成;[①] 另一方面，退耕还林工程对样本农户种植业收入的贡献存在显著的区域和时间差异。退耕还林工程对黄河流域样本农户种植业增收的贡献明显，而只在 2007～2014 年对长江流域样本农户的种植业增收有 0.07% 和 0.08% 的贡献作用。同时，退耕还林工程以生产效率为传导介质促进了黄河流域样本农户和 2007～2014 年长江流域样本农户的种植业增收。可能是因为退耕还林工程优化了黄河流域种植业的生产要素配置和促进了先进农业技术的应用。但 2007～2014 年退耕还林工程对黄河流域样本农户种植业收入贡献率的显著降低则说明样本农户对退耕补贴有较强依赖性，而长江流域样本农户则因为适度实现了劳动力就业结构优化和种植业生产模式的转变对退耕补贴依赖性较弱，退耕还林工程对其种植业收入贡献率提高显著。

7.4.2 不同收入水平、耕地规模农户收入贡献率的估计与分析

首先，基于退耕还林工程对样本农户收入的估计分析，可测算得到退耕

---

① 刘浩，杨鑫，康子昊. 中国退耕还林工程对农户消费及其结构的影响研究——基于持久收入假说与长期跟踪大农户样本 [J]. 林业经济，2020，42 (6)：18 - 32.

还林工程对不同收入层次样本农户收入变化的贡献率不同（见图 7 - 2）。退
耕还林工程对低收入、较低收入、中等收入、较高收入和高收入 5 个收入层
次样本农户的总收入变化均有贡献作用，但对不同收入层次样本农户的贡献
强度不同。总体来看，2002 年，退耕还林工程对低收入层次样本农户总收入
增加的贡献率最高，对高收入层次样本农户总收入增加的贡献率最低，从高
到低排列顺序依次为低收入层次、较低收入层次、中等收入层次、较高收入
层次和高收入层次样本农户。2006 年，退耕还林延长期的样本农户退耕补贴
减半，因此退耕还林工程对低收入层次样本农户总收入增加的贡献减弱。这
可能与低收入层次样本农户的人力资本和自然资本较差，非农转移能力不强，
且退耕补贴占其总收入比例较高有关。可见，退耕还林工程在增加了样本农
户总收入的同时，一定程度上缩减了各收入层次样本农户总收入的差距，有
利于消除退耕区域样本农户的贫富差距。

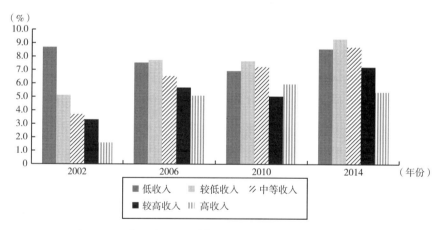

图 7 - 2 收入分层下退耕还林工程对农户总收入的影响

随着退耕还林工程实施的推进，工程总体上导致了样本农户种植业收入的
减少，且不同耕地规模样本农户对此响应程度不同（见图 7 - 3）。其中，退耕
还林工程对大规模、较大规模、较小规模和小规模耕地样本农户种植业收入的
减少贡献明显，而对中等规模样本农户种植业收入的减少贡献较小。这可能是
因为这四种耕地规模样本农户的耕地减少面积占其耕地总面积比例较大，而中

等耕地规模样本农户的则较小；也可能是因为中等耕地规模样本农户实施耕地规模经营和集约化经营的可能性最小，从而采用先进农业技术的动力也小。

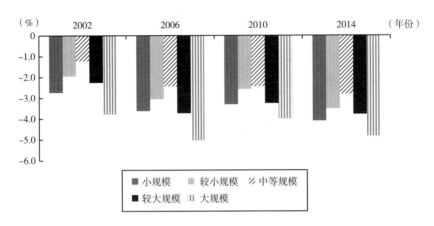

图 7 - 3　耕地规模分层下退耕还林工程对农户种植业收入的影响

其次，考虑在退耕还林工程实施的不同阶段，工程对样本农户各项收入的贡献率存在显著差异，对此比较分析了 2002 年、2006 年、2010 年和 2014 年退耕还林工程对样本农户以土地为基础收入和非农收入贡献率的变动情况。因为在退耕还林工程实施的不同阶段，工程对样本农户各项收入来源均产生了不同程度的影响，进而改变了其收入结构。由图 7 - 4 可以发现，2002 年退耕还林工程对以土地为基础收入的影响程度明显大于非农收入（见图 7 - 4（a））；2006 年退耕还林工程尽管对以土地为基础收入的影响程度仍大于非农收入，但散点图开始向非农收入扩散（见图 7 - 4（b））；2010 年、2014 年退耕还林工程促进样本农户非农收入的增长幅度逐渐加大，相比 2010 年，2014 年散点图在非农收入的密集度更大（见图 7 - 4（c）和图 7 - 4（d））。这可能因为不同行业的比较收益不同，或是因为样本农户在同一行业内所投入的生产要素不同导致收益各异。可见，样本农户从事以土地为基础生产和非农生产的比较收益决定了两种生产行为的动态均衡比例。从图 7 - 4 可得，实施退耕还林工程后，尽管以土地为基础收入仍占样本农户总收入主要比例，但退耕还林工程仍然有力地促进了样本农户非农收入的增长，因而使得样本农户的非农收入在其总收入中所占比例逐渐上升。

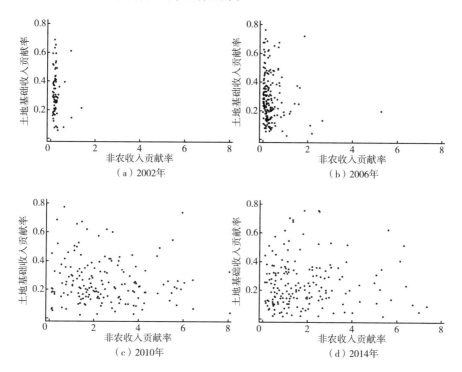

图 7 - 4　退耕还林工程对农户以土地为基础收入和非农收入的影响分布

最后，由表 7 - 12 可知，就退耕年数来看，1999 年、2001 年、2002 年、2005 年、2007 年、2008 年、2011 年和 2012 年，退耕还林工程总体上对介于高、中、低之间的 5 个收入层次的样本农户总收入贡献率有显著性差异，其他年份无显著性差异。分区域来看，2003 年和 2004 年退耕还林工程对黄河流域这 5 个收入层次样本农户总收入贡献率有显著性差异，其他年份无显著性差异；1999～2004 年和 2013 年退耕还林工程对长江流域这 5 个收入层次样本农户总收入贡献率有显著性差异，其他年份无显著性差异。结果说明，退耕还林工程总体上有 8 个年份对不同收入水平的样本农户总收入贡献率差异明显，且工程实施前期对长江流域不同收入水平样本农户的贡献率差异大于黄河流域。而介于高、中、低之间的 5 个层次的耕地规模群体之间，1999～

2014 年退耕还林工程总体上对这 5 个层次耕地规模的样本农户种植业收入贡献率均有显著性差异。分区域来看，1999 ~ 2014 年退耕还林工程对黄河流域不同耕地规模的样本农户种植业收入的贡献率差异总体显著。1999 年、2003 年、2004 年和 2007 年，退耕还林工程对长江流域不同耕地规模的样本农户种植业收入贡献率无显著性差异，其他年份则存在明显差异。结果说明，退耕还林工程实施后，不同耕地规模的样本农户生产行为的调整响应程度不同。退耕还林工程总体上对不同耕地规模的样本农户种植业收入的贡献率差异显著，但对黄河流域、长江流域不同耕地规模样本农户的种植业收入变化的贡献不同。

表 7 – 12 　　　　　　基于不同分组下退耕还林工程影响农户收入的方差分析

年份	按收入划分 5 个层次对总收入影响的组间差异			按耕地面积划分 5 个层次对种植业收入影响的组间差异		
	所有样本	黄河流域	长江流域	所有样本	黄河流域	长江流域
1999	0. 077 *	0. 183	0. 016 **	0. 000 ***	0. 003 ***	0. 081
2000	0. 131	0. 205	0. 046 **	0. 000 ***	0. 000 ***	0. 018 **
2001	0. 006 ***	0. 539	0. 098 *	0. 000 ***	0. 000 ***	0. 021 **
2002	0. 001 ***	0. 118	0. 059 *	0. 000 ***	0. 000 ***	0. 065 *
2003	0. 113	0. 000 ***	0. 000 ***	0. 000 ***	0. 004 ***	0. 404
2004	0. 252	0. 025 **	0. 000 ***	0. 000 ***	0. 219	0. 388
2005	0. 025 **	0. 745	0. 249	0. 000 ***	0. 035 **	0. 002 ***
2006	0. 140	0. 392	0. 155	0. 000 ***	0. 129	0. 002 ***
2007	0. 045 **	0. 655	0. 408	0. 000 ***	0. 072 *	0. 136
2008	0. 080 *	0. 713	0. 673	0. 000 ***	0. 299	0. 016 **
2009	0. 186	0. 863	0. 321	0. 000 ***	0. 345	0. 042 **
2010	0. 186	0. 995	0. 345	0. 000 ***	0. 276	0. 087 *
2011	0. 078 *	0. 786	0. 306	0. 000 ***	0. 014 **	0. 020 **
2012	0. 080 *	0. 819	0. 314	0. 000 ***	0. 017 **	0. 046 **
2013	0. 191	0. 641	0. 065 *	0. 000 ***	0. 003 ***	0. 008 ***
2014	0. 191	0. 815	0. 135	0. 000 ***	0. 009 ***	0. 005 ***

注：（1）* 、** 、*** 分别表示参数估计在 10% 、5% 、1% 的统计水平上显著。（2）不论是对收入还是耕地面积，均是以 1998 年（启动退耕还林工程前一年）的数据作为划分依据，划定层次后一直保持不变。（3）表格数值显示为组间差异的 P 值。

第8章 主要结论与建议

退耕还林工程的最终目标是基于资源环境承载力,实现经济和社会的绿色可持续高效发展,即在充分考虑资源承载力与生态环境容量的基础上,减少现有资源对经济发展的约束,以促进生态、经济以及社会三者的协调发展。但由于劳动力和土地资源的相对稀缺性,因此有必要对农户生产行为进行技术变革和新政策实施。技术变革是在生产过程中投入具有更高生产能力的更先进生产要素,从而有效地挖掘农户生产潜力;政策实施不仅对生产要素的需求数量和组合形式产生影响,而且对技术改变产生影响。[①] 本书通过研究退耕还林工程对农户收入影响,不仅考察了退耕还林政策对农户技术进步和生产要素配置的改变,而且重点分析了退耕还林工程以生产要素投入和生产效率为传导介质对农户收入影响。

8.1 主要结论

(1) 从退耕还林工程对样本农户土地面积影响的时空差异性角度看。总体上,退耕还林工程对样本农户林地面积是正向影响显著,对耕地面积影响则是负向不显著。分区域来看,退耕还林工程对黄河流域和长江流域耕地、林地面积影响存在明显差异。退耕还林工程对黄河流域耕地面积正向影响不显著,但显著地减少了长江流域的耕地面积;增加了黄河流域样本农户和长

[①] 刘璨. 南方集体林区的家庭经营制度及其绩效 [J]. 改革, 2008 (5): 80 – 88.

江流域样本农户的林地面积，且对黄河流域影响显著高于长江流域。从时间角度来看，退耕还林年数对样本农户的耕地面积影响由负向为正向不显著，无可持续性；对样本农户的林地面积影响是正向显著，可持续性强。从退耕还林工程对样本农户劳动力影响的时空差异性角度看。总体上，退耕还林工程对样本农户的种植业、畜牧渔业劳动力影响不显著，对林业、非农劳动力正向影响显著。分区域来看，对黄河流域样本农户的林业、种植业、畜牧渔业和非农劳动力均正向影响显著；对长江流域样本农户林业劳动力正向影响显著，对畜牧渔业和非农劳动力影响不显著，而对种植业劳动力则负向影响显著。从时间角度来看，退耕还林年数对样本农户的林业、非农劳动力的正向影响显著，且持续性强；对样本农户的种植业、畜牧渔业劳动力的影响不显著或显著无持续性。从退耕还林工程对样本农户资本影响的时空差异性角度看。总体上，由于种植业生产规模被缩小，退耕还林工程对样本农户种植业资本投入的影响负向不显著，而对样本农户的林业、畜牧渔业资本的影响正向显著。分区域来看，对长江流域样本农户林业、种植业生产费用分别是正向、负向显著影响，而对畜牧渔业生产费用则是负向不显著；对黄河流域样本农户林业、种植业生产费用是负向不显著，而对畜牧渔业生产费用是正向显著影响。从时间角度来看，退耕还林年数对样本农户林业生产费用是从正向到负向显著影响，对种植业生产费用的影响呈负向倒"U"型特征，对畜牧渔业生产费用的影响是正向但基本无显著性。

（2）退耕还林工程对样本农户总生产效率、种植业生产效率均有显著促进作用。退耕还林工程对样本农户总生产效率促进作用来源于技术进步和技术效率的共同影响，但技术进步影响大于技术效率影响；退耕还林工程对样本农户种植业生产效率的影响主要是技术效率的影响，技术效率的提高是纯技术效率和规模效率的共同作用，其中规模效率影响大于纯技术效率影响。分区域来看，退耕还林工程对样本农户总生产效率、种植业生产效率的影响具有显著性差异。退耕还林工程对黄河流域样本农户总生产效率、种植业生产效率的影响大于长江流域样本农户。分时间来看，退耕还林年数对样本农户总生产效率、种植业生产效率影响均呈正向倒"U"型（即均在退耕还林中期呈现正向显著影响），但对样本农户总生产效率影响范围更大。另外，退耕还林工程对中低等分组、高等分组的样本农户总生产效率，和对低、高等分组的样本农户种植业生产效率的促进作用显著，但对低等分组样本农户总生产效率和对中等样本农户种植业生产效率提高的作用不显著。

（3）利用长期大样本农户追踪调研数据，在充分考虑农户和家庭特征、村庄环境和市场因素等动态变化的基础上，利用联立方程模型估计和分析了退耕还林工程对样本农户收入的生产投入影响、生产效率影响和其他影响及综合影响，并据此测算了工程对样本农户各项收入的贡献率，以及对不同收入层次和不同耕地规模样本农户种植业收入、总收入的贡献率差异。可得出以下结论：一是若不考虑生产效率影响，参加退耕还林工程总体上显著地增加了样本农户的林业收入、以土地为基础收入、总收入和非农收入，减少了样本农户的种植业收入，样本农户参加退耕造林面积对林业收入、以土地为基础收入、总收入和非农收入综合影响的弹性系数分别为 0.0648、0.0606、0.0316 和 0.0390，对种植业收入综合影响的弹性系数为 -0.0133。若考虑生产效率影响，参加退耕还林工程亦显著地增加了样本农户的总收入，并减少了样本农户的种植业收入。样本农户参加退耕造林面积对总收入和种植业收入综合影响的弹性系数相应地变化为 0.0306 和 -0.0109。二是在不考虑和考虑效率影响路径的情形下，退耕还林工程对样本农户总收入的贡献率分别为 7.41% 和 7.18%，对种植业收入的贡献率分别为 -9.50% 和 -7.84%。三是退耕还林工程对不同收入水平和耕地规模农户的总收入和种植业收入贡献率存在显著差异。退耕还林工程对低收入层次样本农户总收入影响的贡献率最大，对中等耕地规模样本农户种植业收入影响的贡献率最低。

（4）退耕还林工程实施不同阶段的贡献率存在显著差异，退耕还林工程对样本农户非农收入占比的正向影响随工程推进而递增。因为样本农户在退耕还林工程实施的不同阶段，其各项收入来源受影响程度不同，致使其收入结构发生了变化。参加退耕还林工程后，尽管以土地为基础收入仍占样本农户总收入主要比例，但退耕还林工程仍然有力地促进了样本农户非农收入的增长，因而使得样本农户的非农收入在总收入中所占比例上升。

8.2 对策和建议

退耕还林工程对农户收入的影响因素是多方面的，但政府投资的引导机制和对退耕农户的激励机制起着主导作用。退耕还林工程的准公共产品属性和正外部性决定了政府是投资主体。在社会主义市场经济环境下，政府如何有效发挥作用，如何通过市场手段保护和扩大退耕还林工程现有成果，以及如何将政策措施与市场手段相结合，是当前值得深思的问题。政策研究的最终指向是为了对策建议。本书是为了退耕区域更有效地实施退耕还林工程，获得巨大生态效益的同时，在提高退耕农户收入水平的基础上产生更大社会经济效益，为"策"而"谋"。本书立足退耕还林工程实施存在的现实和关键问题，深入分析不同性质的问题，为解决对策之所需而提出有用、可用和管用的对策建议，以推进退耕还林工程高质量发展，让退耕还林工程在"精准扶贫"工作和成果巩固中发挥更大作用。

8.2.1 增强退耕还林工程的执行力

依据国家林业和草原局经研中心调研团队 2020 年调研结果显示，退耕还林工程实施后期有少数样本农户表示"没有收到退耕补贴"，以及超过 80%的样本农户对实施基本口粮建设、农村能源建设、生态移民，以及补植、补造为主要内容的巩固退耕还林工程专项基金不了解。鉴于此，需要政府加大宣传力度，增强退耕还林工程政策的透明度和退耕还林工程实施的意义。这不仅需要向样本农户宣传，而且需要向乡镇县等各级政府主要负责人员宣传。在政策执行上，退耕还林工程各项经费必须专款专用，不宜因县域整合涉农资金而挪为他用。

8.2.2　农户生产要素配置调整是农户增收的主要路径

鉴于本书结论发现，退耕还林工程的实施改变了参与退耕农户的生产要素配置行为。政府应对参与退耕农户生产要素配置的调整起到引导和激励作用。（1）政府应从政策上大力支持退耕农户通过土地流出、劳动力输出、资本投入等形式参与包括林业企业、林业合作社和林业大户在内的多主体造林模式，以有效促进退耕还林工程的发展。因为，这有利于减轻退耕农户个体经营分散、资金有限和抵抗风险能力弱的不足，从而通过规模经营、塑造品牌等方式来建立合理的利益共享机制，以保障和提高参与退耕农户的盈利能力。（2）政府应鼓励劳动力外出就业和加强返乡创业者的培训。实证研究发现，职业技术教育或培训有利于促进参与退耕农户选择外出就业。因此，需要同时加强外出务工农户与返乡创业农户的专业技术和技能培训。政府在资金保障和师资力量等方面给予政策支持，并对返乡创业者提供相应的税收优惠政策。（3）政府应从发展土地经营权流转市场和加强适度规模经营上给予财政与政策支持。小规模分散经营不仅不利于优化资源配置、提高土地效率和劳动生产率，而且还阻碍了传统农业向现代化农业的发展进程。在发挥市场导向作用的基础上，以家庭承包经营为基础及遵循因地制宜的原则，处理好政府和市场的关系，鼓励土地承包经营权流转，创新适度规模经营的实现形式。

8.2.3　强化技术和技能扶持，提高参与退耕农户生产效率

鉴于效率对农户收入的贡献不足，政府需要对退耕农户给予更多关注和实质性技术、技能扶持，帮助和促进参与退耕农户提高生产效率，使技术进步在农户增收中发挥作用。具体而言，可从以下几方面进行改善：一是加强农民的基础教育和提高农村社会的总体教育水平，以便更好地接受和使用先进农业技术；二是从技术和经济上促进和帮助参与退耕农户向其他行业和产业（如向养殖业和非农生产）转移，从而有效提高参与退耕农户的生产效率；

三是当新的农业生产方式以及参与退耕农户所处社会和经济结构的形成尚不成熟之时，参与退耕农户在新的生产方式下尚不能完全自立。对此，政府部门应对参与退耕农户的就业和农业生产结构调整进行引导，给予技术支持、培育技术人才、建立新的技术普及体制等。此外，提高生产效率水平不仅是引进先进技术，更是对现有资源和技术水平的充分利用。

8.2.4　优化退耕还林工程补助政策体系

鉴于退耕还林工程补助政策对黄河流域和长江流域农户的生产活动及收入的影响差异显著，政府需将因地制宜理念体现在退耕还林工程补助政策体系。第一轮退耕还林补助政策是按照黄河流域和长江流域设定不同的补贴标准，依据退耕还经济林或还生态林来设定有差异的补贴期限。虽然也体现了一定的差别补偿，但这种划分是非常粗略的，不能有效地体现退耕还林工程具体实施过程的巨大差异性。而新一轮退耕还林补助政策实行统一的补贴标准，不再限定林种比例。我国退耕还林工程是自上而下的，退耕农户是最终实施者。由于不同退耕农户面临的劳动力机会成本和土地机会成本相差较大，退耕补贴标准的合理性对工程实施的积极性和可持续性意义重大。

因此，基于退耕地的机会成本，政府应在考虑国家生态安全战略要求和社会经济实际情况之时，充分考虑各地的不同情况，适当细分经济补偿标准，建立动态的退耕补贴标准指标和标准体系，形成具有地域差异性的时空退耕补贴标准，实行分区域调控的政策。具体而言，可以按照"乡—县—市—省"来设定相应的区域和时间标准，以保证资金使用的环境效益水平；可以量化环境效益监测，运用环境效益指数和其他社会、经济评价指标综合分析退耕还林工程的经济、社会和生态效益，从而保证补贴标准的科学合理性以激励农户更好地参与。

此外，在实现退耕补贴时空动态标准的情况下，保障农户等经营主体的利益，至少使他们成为实施退耕还林工程的受益者。作为理性的农户和林业经营主体会根据市场和所出台的退耕还林政策，选择是否参加退耕还林和复耕。因此，退耕还林工程的政策制定应充分考虑农村其他土地政策和市场变动情况，应把退耕还林与粮食补贴一视同仁。退耕农户是否选择复耕很大程度上取决于退耕土地的机会成本。

8.2.5　突出对低收入群体的倾斜，巩固脱贫成果和振兴乡村

鉴于退耕还林工程对低收入退耕农户发挥了更大的促进作用，因此，在执行国家相关退耕还林政策之时，应优先考虑吸收低收入农户的参与，以实现参与退耕还林工程、提高精准扶贫的瞄准率和提升低收入层次农户收入水平三者的有机结合。国家林业和草原局经研中心调研团队在 2019 年和 2020 年 7 月对样本县的实地调研结果发现，除个别样本县的个别乡镇的新型林业经营主体初具规模外，绝大部分的样本县处于尚未开展或开展初期阶段。而相较于退耕农户个体而言，林业经营主体具有更强大的经营规模、资金实力和抵抗风险能力，有利于吸收低收入群体以耕地和劳动力投入方式参与。对此，中央和省级政府应配置专项资金，培育新型林业经营主体，加大发展退耕还林后续产业和林下经济的力度，增加第一产业、第二产业和第三产业的附加值，以实现三者融合发展，进一步突出强化退耕还林工程在巩固脱贫成果和振兴乡村中的作用。

参 考 文 献

[1] 阿迪拉·艾海提，黄祖辉，毛小报，等. 新疆农业自然资源利用效率综合评价 [J]. 浙江农业科学，2020，61（4）：752 - 756.

[2] 庇古. 福利经济学 [M]. 1 版. 北京：华夏出版社，2007：105 - 107.

[3] 卜范达，韩喜平. "农户经营"内涵的探析 [J]. 当代经济研究，2003（9）：37 - 41.

[4] 常晔，揭攀. 中国省域农户效率变动研究 [J]. 西北人口，2009（6）：40 - 44.

[5] 陈海，郗静，梁小英，等. 农户土地利用行为对退耕还林政策的响应模型——以陕西省米脂县高渠乡为例 [J]. 地理科学进展，2013（8）：1246 - 1256.

[6] 陈和午，聂斌. 农户土地租赁行为分析——基于福建省和黑龙江省的农户调查 [J]. 中国农村经济，2006（2）：42 - 48.

[7] 陈健生. 论退耕还林与减缓山区贫困的关系 [J]. 当代财经，2006（10）：5 - 12.

[8] 陈杰，苏群. 土地生产率视角下的中国土地适度规模经营——基于2010 年全国农村固定观察点数据 [J]. 南京农业大学学报（社会科学版），2016，16（6）：121 - 130，155 - 156.

[9] 陈林，姚顺波. 退耕农户劳动力流动类型选择的影响因素分析 [J]. 林业经济问题，2013，33（3）：218 - 224.

[10] 陈灵肖. 我国农户农地流转行为研究 [D]. 南京：南京农业大学，2006.

[11] 陈思焜. 退耕还林工程对农民收入不平等影响研究 [D]. 南京: 南京林业大学, 2015.

[12] 陈兴平, 陈明根. 陕南退耕还林农户政策对耕地配置变化影响分析 [J]. 中国集体经济, 2010 (18): 12 – 13.

[13] 谌贻庆, 王华瑞, 陶春峰. 江西省农业生产效率评价及影响因素研究 [J]. 华东经济管理, 2016, 30 (7): 21 – 28.

[14] 程名望, 史清华, Jin Yanhong, 等. 市场化、政治身份及其收入效应——来自中国农户的证据 [J]. 管理世界, 2016 (3): 46 – 59.

[15] 丁屹红, 姚顺波. 退耕还林工程对农户福祉影响比较分析——基于6个省951户农户调查为例 [J]. 干旱区资源与环境, 2017, 31 (5): 45 – 50.

[16] 董捷. 退耕还林绩效问题研究 [D]. 武汉: 华中农业大学, 2005.

[17] 段伟, 申津羽, 温亚利. 西部地区退耕还林工程对农户收入的影响——基于异质性的处理效应估计 [J]. 农业技术经济, 2018 (2): 41 – 53.

[18] 樊胜岳, 韦环伟, 琭婧. 沙漠化地区基于农户的退耕还林政策绩效评价研究 [J]. 干旱区资源与环境, 2009, 23 (10): 8 – 13.

[19] 郭轲. 兼业视角下河北省退耕农户生产要素配置行为: 动态演变及其驱动因素 [D]. 北京: 北京林业大学, 2016.

[20] 国家林业和草原局. 中国林业和草原统计年鉴 (2021) [M]. 北京: 中国林业出版社, 2021.

[21] 韩洪云, 史中美. 中国退耕还林工程经济可持续性分析——基于陕西省眉县的实证研究 [J]. 农业技术经济, 2010 (4): 85 – 91.

[22] 韩旭东, 王若男, 杨慧莲, 等. 土地细碎化、土地流转与农业生产效率——基于全国2745个农户调研样本的实证分析 [J]. 西北农林科技大学学报 (社会科学版), 2020, 20 (5): 143 – 153.

[23] 何家理, 马治虎, 陈绪敖. 秦巴山区退耕还林生态效益外显与经济效益内隐状况调查 [J]. 水土保持通报, 2012, 32 (4): 251 – 254, 260.

[24] 何明骏, 郑少峰, 李桦. 退耕还林 (草) 政策下农村经济结构调整

研究——以陕西省吴起县为例［J］．西北农林科技大学学报（社会科学版），2008（4）：21 – 26.

［25］何文剑，赵秋雅，张红霄．林权改革的增收效应：机制讨论与经验证据［J］．中国农村经济，2021（3）：46 – 67.

［26］何秀荣．关于我国农业经营规模的思考［J］．农业经济问题，2016，37（9）：4 – 15.

［27］何毅峰，谢永生．退耕还林（草）对农业产业结构调整影响研究——以陕西省吴起县为例［J］．安徽农业科学，2009，37（16）：7723 – 7725，7733.

［28］胡豹．农业结构调整中农户决策行为研究［D］．杭州：浙江大学，2004.

［29］胡三．退耕还林还草助"绿"中国版图［J］．绿色中国，2019（22）：26 – 31.

［30］胡霞．退耕还林还草政策实施后农村经济结构的变化——对宁夏南部山区的实证分析［J］．中国农村经济，2005（5）：63 – 70.

［31］胡新艳，王梦婷，吴小立．要素配置与农业规模经营发展：一个分工维度的考察［J］．贵州社会科学，2018（11）：149 – 154.

［32］黄杰龙，邓桢柱，王立群．新一轮退耕还林对贫困山区农地生产力的影响研究［J］．林业经济问题，2021，41（4）：378 – 386.

［33］黄祖辉，王建英，陈志钢．新疆农业自然资源利用效率综合评价［J］．中国农村经济，2014（11）：4 – 16.

［34］江丽，杨丽雅，张越，等．退耕还林还草政策的农户影响——以甘肃省华池县为例［J］．干旱区资源与环境，2011，25（9）：60 – 66.

［35］焦源．山东省农业生产效率评价研究［J］．中国人口·资源与环境，2013，23（12）：105 – 110.

［36］柯水发，赵铁珍．农户参与退耕还林意愿影响因素实证分析［J］．中国土地科学，2008（7）：27 – 33.

［37］李彪，邵景安，苏维词．三峡库区农户土地流转的理论解析［J］.

资源科学，2013，35（1）：216 – 224.

[38] 李成贵. 现阶段农户经济行为评析 [J]. 农村经济与社会，1992（6）：47 – 51.

[39] 李国平，张文彬. 退耕还林生态补偿契约设计及效率问题研究 [J]. 资源科学，2014，36（8）：1670 – 1678.

[40] 李桦，姚顺波，郭亚军. 不同退耕规模农户农业全要素生产率增长的实证分析——基于黄土高原农户调查数据 [J]. 中国农村经济，2011（10）：36 – 43，51.

[41] 李桦，姚顺波，郭亚军. 退耕还林对农户经济行为影响分析——以全国退耕还林示范县（吴起县）为例 [J]. 中国农村经济，2006（10）：37 – 42.

[42] 李桦，姚顺波，刘广全. 黄土高原地区退耕还林（草）全要素生产效率实证研究 [C] //中国农业技术经济研究会. 建设我国现代化农业的技术经济问题研究——中国农业技术经济研究会 2007 年学术研讨会论文集. 2007：10.

[43] 李江一. 农业补贴政策效应评估：激励效应与财富效应 [J]. 中国农村经济，2016（12）：17 – 32.

[44] 李路路. 论社会分层研究 [J]. 社会学研究，1999（1）：103 – 111.

[45] 李敏，姚顺波. 村级治理能力对农民收入的影响机制分析 [J]. 农业技术经济，2020（9）：20 – 31.

[46] 李树苗，梁义成，等. 退耕还林政策对农户生计的影响研究——基于家庭结构视角的可持续生计分析 [J]. 公共管理学报，2010（2）：1 – 10，122.

[47] 李涛，张鹏. 农地产权、要素配置与农户收入增长 [J]. 经济问题探索，2020（12）：43 – 54.

[48] 李卓然. 土地流转对不同类型农户农业生产经营的影响 [D]. 南京：南京农业大学，2012.

[49] 林德荣，支玲. 退耕还林成果巩固问题研究——基于退耕农户机会成本视角的动态博弈模型 [J]. 北京林业大学学报（社会科学版），2010，9（1）：

101 - 105.

[50] 林毅夫, 刘培林. 经济发展战略对劳均资本积累和技术进步的影响——基于中国经验的实证研究 [J]. 中国社会科学, 2003 (4): 18 - 32, 204.

[51] 林颖. 陕西省退耕还林工程对农户收入影响机制研究 [D]. 咸阳: 西北农林科技大学, 2013.

[52] 刘璨. 1978—1997 年金寨县农户生产力发展与消除贫困问题研究——前沿生产函数分析方法 [J]. 中国农村观察, 2004 (1): 35 - 43, 55 - 81.

[53] 刘璨. 金寨县样本农户效率与消除贫困分析——数据包络分析 (DEA) 方法 [J]. 数量经济技术经济研究, 2003 (12): 102 - 106.

[54] 刘璨. 南方集体林区的家庭经营制度及其绩效 [J]. 改革, 2008 (5): 80 - 88.

[55] 刘璨, 任鸿昌, 薛同良, 等. 苏北平原地区森林贡献与效率测算及分析 [J]. 林业科学, 2005 (5): 8 - 13.

[56] 刘璨, 张巍. 退耕还林政策选择对农户收入的影响——以我国京津风沙治理工程为例 [J]. 经济学 (季刊), 2006 (1): 273 - 290.

[57] 刘浩, 刘璨. 林业重点工程与农民生计相关问题研究 [M]. 北京: 中国财政经济出版社, 2015: 155 - 156.

[58] 刘浩, 刘璨, 刘俊昌. 退耕还林工程对农户生产要素投入与收入的影响——基于长期连续跟踪大样本农户数据 [J]. 改革, 2021 (1): 109 - 124.

[59] 刘浩, 刘璨. 退耕还林工程对农民持久收入与消费影响的研究 [J]. 制度经济学研究, 2012 (1): 16 - 47.

[60] 刘浩, 杨鑫, 康子昊. 中国退耕还林工程对农户消费及其结构的影响研究——基于持久收入假说与长期跟踪大农户样本 [J]. 林业经济, 2020, 42 (6): 18 - 32.

[61] 刘天军, 蔡起华. 不同经营规模农户的生产技术效率分析——基于陕西省猕猴桃生产基地县 210 户农户的数据 [J]. 中国农村经济, 2013 (3): 37 - 46.

［62］刘燕，支玲，薛国祥，等．西部退耕还林农户农业生产效率持续变化及影响因素分析——以云南省鹤庆县为例［J］．林业经济，2019，41（10）：78－88.

［63］刘越，姚顺波．不同类型国家林业重点工程实施对劳动力利用与转移的影响［J］．资源科学，2016，38（1）：126－135.

［64］刘宗飞，刘晓伟，姚顺波．生态补偿是否有助于未来减贫——基于贫困脆弱性的实证分析［J］．三峡大学学报（人文社会科学版），2019，41（6）：41－46.

［65］刘宗飞，姚顺波，渠美．吴起农户相对贫困的动态演化：1998—2011［J］．中国人口·资源与环境，2013，23（3）：56－62.

［66］马奔，温亚利．生态旅游对农户家庭收入影响研究——基于倾向得分匹配法的实证分析［J］．中国人口·资源与环境，2016，26（10）：152－160.

［67］马贤磊．农地产权安全性对农业绩效影响：投资激励效应和资源配置效应——来自丘陵地区三个村庄的初步证据［J］．南京农业大学学报（社会科学版），2010，10（4）：72－79.

［68］马歇尔．经济学原理［M］．1版．北京：中国社会科学出版社，2007：591.

［69］秦聪，贾俊雪．退耕还林工程：生态恢复与收入增长［J］．中国软科学，2017（7）：126－138.

［70］佘方忠．退耕还林（草）与可持续发展研究［J］．林业经济，2000（5）：18－24，28.

［71］沈雪，张俊飚，张露，等．基于农户经营规模的水稻生产技术效率测度及影响因素分析——来自湖北省的调查数据［J］．农业现代化研究，2017，38（6）：995－1001.

［72］史忠良．再就业工程：中国面向21世纪的人力资源结构性调整［J］．当代财经，1998（4）：56－57.

［73］宋长鸣，向玉林．林业技术效率及其影响因素研究——基于随机前

沿生产函数 [J]. 林业经济, 2012 (2): 66 - 70.

[74] 宋乃平. 农牧交错带农牧户土地利用选择机制及其环境效应 [D]. 北京: 中国农业大学, 2004.

[75] 宋元媛, 黄波, 全世文. 京津风沙源治理工程对农户收入影响实证研究——以 "退耕还林" 项目为例 [J]. 林业经济, 2013 (9): 36 - 42.

[76] 苏文彦. 退耕还林还草十件大事 [N]. 中国绿色时报, 2021 - 01 - 12.

[77] 索洛. 经济学原理 [M]. 北京: 北京经济学院出版社, 1989.

[78] 田国英, 陈亮. 退耕还林政策对农户收入影响的实证分析 [J]. 经济问题, 2007 (3): 83 - 85.

[79] 田青, 宋玲玲, 李宗杰. 甘肃典型退耕还林区农户认知和意愿评价 [J]. 中国水土保持, 2015 (9): 69 - 72.

[80] 田晓宇, 徐霞, 江红蕾, 等. 退耕还林 (草) 政策下土地利用结构优化研究——以内蒙古太仆寺旗为例 [J]. 中国人口·资源与环境, 2018, 28 (S2): 25 - 30.

[81] 汪锋. 农户利益视角下的四川省退耕还林政策绩效研究 [D]. 成都: 四川省社会科学院, 2012.

[82] 汪阳洁, 姜志德, 王晓兵. 退耕还林 (草) 补贴对农户种植业生产行为的影响 [J]. 中国农村经济, 2012 (11): 56 - 68, 77.

[83] 王爱民. 退耕还林的经济影响及现行政策的调整——以河北省为例 [J]. 农业经济问题, 2005 (11): 23 - 27.

[84] 王博文, 姚顺波, 李桦, 等. 黄土高原退耕还林前后农户农业生产 DEA 分析——以退耕还林示范县吴起县为例 [J]. 华南农业大学学报 (社会科学版), 2009 (2): 51 - 57.

[85] 王剑波. 退耕还林工程对农村居民消费结构的影响——基于 1921 个样本农户数据和 ELES 模型 [J]. 林业科学, 2013 (2): 113 - 121.

[86] 王立安, 钟方雷, 王静, 等. 退耕还林工程对农户缓解贫困的影响分析——以甘肃南部武都区为例 [J]. 干旱区资源与环境, 2013 (7): 78 - 84.

[87] 王麒麟，根锁，鬼木俊次．土地租赁行为的实证分析 [J]．内蒙古农业大学学报（社会科学版），2007（4）：45 –47．

[88] 王欠，方一平．川西地区退耕还林政策对农民收入的影响 [J]．山地学报，2013（5）：565 –572．

[89] 王秋菊，王立群．退耕还林对农户的经济影响——河北省平泉县案例研究 [J]．北京林业大学学报（社会科学版），2009，8（1）：88 –92．

[90] 王庶，岳希明．退耕还林、非农就业与农民增收——基于21省面板数据的双重差分分析 [J]．经济研究，2017（4）：106 –119．

[91] 王秀红，谢国勋．宁夏盐池县生态退耕前后农资投入时空变化分析 [J]．中国农学通报，2011，27（32）：211 –215．

[92] 王宇，姚顺波．不同退耕规模的农户技术效率及其影响因素分析——基于随机前沿函数方法 [J]．江苏农业科学，2014（4）：425 –428．

[93] 魏权龄，马赞甫，阎洪．DEA 的交形式生产可能集及其应用 [J]．数学的实践与认识，2007（4）：62 –69．

[94] 魏学肖．陕北退耕农户生计行为及土地利用响应 [D]．西安：西安科技大学，2018．

[95] 翁贞林．粮食主产区农户稻作经营行为与政策扶持机制研究 [D]．武汉：华中农业大学，2009．

[96] 吴康明．转户进城农民土地退出的影响因素和路径研究 [D]．重庆：西南大学，2011．

[97] 郗静，曹明明，陈海．退耕还林政策对农户土地利用行为的影响 [J]．水土保持通报，2009，29（3）：5 –9．

[98] 谢洪军，任玉珑．技术效率研究中的前沿分析方法及其比较 [J]．科技管理研究，2006（8）：237 –239，256．

[99] 谢旭轩，马训舟，张世秋．应用匹配倍差法评估退耕还林政策对农户收入的影响 [J]．北京大学学报（自然科学版），2011（4）：759 –767．

[100] 邢祥娟．退耕还林对农户收入的影响研究 [D]．北京：北京林业

大学，2014.

[101] 徐慧. 江苏省农业生产效率时空演变过程及其影响因素分析 [D]. 南京：南京大学，2020.

[102] 徐晋涛，陶然，徐志刚. 退耕还林：成本有效性、结构调整效应与经济可持续性——基于西部三省农户调查的实证分析 [J]. 经济学（季刊），2004（4）：139-162.

[103] 闫文. 农村土地承包经营权流转机制研究 [D]. 保定：河北农业大学，2010.

[104] 颜鹏飞，王兵. 技术效率、技术进步与生产率增长：基于 DEA 的实证分析 [J]. 经济研究，2004（12）：55-65.

[105] 杨冬梅，雷显凯，康小兰，等. 集体林权制度改革配套政策对农户林业生产经营效率的影响研究 [J]. 林业经济问题，2019，39（2）：135-142.

[106] 杨均华，刘璨，李桦. 退耕还林工程精准扶贫效果的测度与分析 [J]. 数量经济技术经济研究，2019，36（12）：64-86.

[107] 杨时民. 关于退耕还林"十一五"政策建议——川贵两省退耕还林调研思考 [J]. 林业经济，2006（9）：7-10.

[108] 杨世龙，赵文娟. 可持续生计框架下农户生计与土地利用变化研究进展 [J]. 云南地理环境研究，2015，27（2）：37-42，70.

[109] 杨万江，李琪. 我国农户水稻生产技术效率分析——基于 11 省 761 户调查数据 [J]. 农业技术经济，2016（1）：71-81.

[110] 杨小军，徐晋涛. 退耕还林工程经济影响结构性分析 [J]. 北京林业大学学报（社会科学版），2009，8（4）：12-19.

[111] 姚顺波，张晓蕾. 退耕还林对农业生产结构影响的实证研究——以陕北吴起县为例 [J]. 林业经济问题，2008（5）：390-394.

[112] 易福金，陈志颖. 退耕还林对非农就业的影响分析 [J]. 中国软科学，2006（8）：31-40.

[113] 于金娜，姚顺波. 退耕还林对农户生产效率的影响——以吴起县

为例 [J]. 林业经济问题, 2009, 29 (5): 434 –437.

[114] 臧良震, 张彩虹. 中国林业全要素生产率的时空格局演化研究 [J]. 统计与决策, 2016 (8): 118 –122.

[115] 臧良震, 支玲, 齐新民. 天保工程区农户林业生产技术效率的影响因素——以重庆武隆县为例 [J]. 北京林业大学学报 (社会科学版), 2011, 10 (4): 59 –64.

[116] 查小春, 赖作莲. 退耕还林对铜川市农村经济结构的影响研究 [J]. 干旱区资源与环境, 2010, 24 (2): 38 –43.

[117] 詹和平, 张林秀. 家庭保障、劳动力结构与农户土地流转——基于江苏省 142 户农户的实证研究 [J]. 长江流域资源与环境, 2009, 18 (7): 658 –663.

[118] 张寒, 刘璨, 刘浩. 林地调整对农户营林积极性的因果效应分析——基于异质性视角的倾向值匹配估计 [J]. 农业技术经济, 2017 (1): 37 –51.

[119] 张林秀, 徐晓明. 农户生产在不同政策环境下行为研究——农户系统模型的应用 [J]. 农业技术经济, 1996 (4): 27 –32.

[120] 张梦雅, 李桦. 应用三阶段 DEA 模型分析退耕还林农户商品林的技术效率 [J]. 西北林学院学报, 2014, 29 (6): 276 –281.

[121] 张炜, 薛建宏, 张兴. 退耕还林政策对农户收入的影响及其作用机制 [J]. 农村经济, 2019 (6): 130 –136.

[122] 张文秀, 李冬梅, 邢殊嫒, 等. 农户土地流转行为的影响因素分析 [J]. 重庆大学学报 (社会科学版), 2005 (1): 14 –17.

[123] 张旭锐, 高建中. 农户新一轮退耕还林的福利效应研究——基于陕南退耕还林区的实证分析 [J]. 干旱区资源与环境, 2021, 35 (2): 14 –20.

[124] 赵翠萍. 河南省耕地生产效率及其影响因素分析 [J]. 河南农业大学学报, 2012, 46 (4): 469 –472, 481.

[125] 赵丽娟, 王立群. 沽源县退耕还林工程对农民收入的影响分析 [J]. 林业调查规划, 2006 (6): 89 –92.

[126] 赵敏娟，姚顺波．基于农户生产技术效率的退耕还林政策评价——黄土高原区 3 县的实证研究［J］．中国人口·资源与环境，2012，22（9）：135－141．

[127] 折小龙．退耕还林政策下农户土地利用行为转变实证研究——以陕西省米脂县为例［D］．咸阳：西北农林科技大学，2012．

[128] 郑京海，刘小玄，Arne Bigsten. 1980—1994 期间中国国有企业的效率、技术进步和最佳实践［J］．经济学（季刊），2002（2）：521－540．

[129] 支玲，李怒云，王娟，等．西部退耕还林经济补偿机制研究［J］．林业科学，2004（2）：2－8．

[130] 支玲，刘俊昌，华春．退耕还林（草）的含义与实施基础的研究［J］．世界林业研究，2002（6）：69－75．

[131] 钟太洋，黄贤金，翟文侠．"退耕还林"政策驱动下的农户土地转用决策及其土地利用变化影响研究——基于江西省丰城市农户问卷调查的一个分析［J］．亚热带水土保持，2006（3）：8－11．

[132] 周春芳．经济发达地区农户土地流转影响因素的实证研究［J］．西北农林科技大学学报（社会科学版），2012，12（6）：37－43．

[133] 周黎安，陈烨．中国农村税费改革的政策效果：基于双重差分模型的估计［J］．经济研究，2005（8）：44－53．

[134] 周曙东，王艳，朱思柱．中国花生种植户生产技术效率及影响因素分析——基于全国 19 个省份的农户微观数据［J］．中国农村经济，2013（3）：27－36，46．

[135] 朱长宁，王树进．退耕还林对西部地区农户收入的影响分析［J］．农业技术经济，2014（10）：58－66．

[136] 朱山涛，张世秋，陶文娣，等．影响退耕还林农户返耕决策的因素识别与分析［J］．中国人口·资源与环境，2005（5）：112－116．

[137] 左菁．对中国退耕还林经济补偿机制的反思——以退耕农利益保障为视角［J］．广西政法管理干部学院学报，2006（1）：61－67．

［138］Baron R. M. , Kenny D. A. The Moderator-mediator Variable Distinction in Social Psychological Research: Conceptual, Strategic, and Statistical Considerations ［J］. Journal of Personality and Social Psychology, 1986, 51 (6): 1173 – 1182.

［139］Cameron A. , Colin, Pravin K. Trivedi. Microeconometrics Using Stata ［M］. College Station: Stata Press, 2009.

［140］Caves D. W. , Christensen L. R. , Diewert W. E. Multilateral Comparisons of Output, Input, and Productivity Using Superlative Index Numbers ［J］. Economic Journal, 1982, 92 (365): 73 – 86.

［141］Chang H. H. , Lambert D. M. , Mishra A. K. Does Participation in the Conservation Reserve Program Impact the Economic Well-being of Farm Households? ［J］. Agricultural Economics, 2008, 38 (2): 201 – 212.

［142］Coelli T. , Rao D. S. P. , Battese G. E. An Introduction to Efficiency and Productivity Analysis ［M］. Boston: Kluwer Academic Publishers, 1998.

［143］Emi Uchida, Scott Rozelle, Jintao Xu. Grain for Green Versus Grain: Conflict between Food Security and Conservation Set-Aside in China ［J］. World Development, 2006 (34): 130 – 148.

［144］Fare R. , Grosskopf S. , Lindgren B. , Roos P. Productivity Changes in Swedish Pharmacies 1980 – 1989: A Non-parametric Malmquist Approach ［J］. Journal of Productivity Analysis, 1992 (3): 85 – 102.

［145］Fare R. , Grosskopf S. , Norris M. Productivity Growth, Technical Progress and Efficiency Change in Industrialized Countries ［J］. American Economic Review, 1994 (1): 66 – 73.

［146］Fare R. , Primont D. Multi-Output Production and Duality: Theory and Applications ［M］. Netherlands: Kluwer Academic Publishers, 1995.

［147］Farrell M. J. The Measurement of Productive Efficiency ［J］. Journal of the Royal Statistical Society, 1957 (20): 253 – 282.

［148］Fisher I. The Making of Index Numbers ［M］. Boston: Houghton Mifflin, 1922.

[149] Fotiou S. Measuring the Efficiency of the Sawmill Industry: A Frontier Production Function Approach [J]. Department of Forest Economics, 2000, 6 (8): 100 –108.

[150] Fried H. O. , Schmidt S. S. , Lovell C. A. K. The Measurement of Productive Efficiency: Techniques and Applications [M]. Oxford: Oxford University Press, 1993.

[151] Huang J. L. , Zhao H. , Liu Y. W. , Yang J. Assessing the Impact of the Sloping Land Conversion Program on Rural Household Income in the Upper Reaches of Minjiang River, China [J]. Journal of Resources and Ecology, 2018, 9 (5): 516 –525.

[152] James Tobin. Estimation of Relationship for Limited Dependent Variables [J]. Econometrica, 1958, 26 (1): 24 –36.

[153] Kao C. Malmquist Productivity Index Based on Common-weights DEA: The Case of Taiwan Forests after Reorganization [J]. Omega, 2009, 10 (6): 484 –491.

[154] Lee J. Y. Application of the Three-stage DEA in Measuring Efficiency – An Empirical Evidence [J]. Applied Economics Letters, 2008, 15 (1): 49 –52.

[155] Lin C. , Lu J. Z. , Yin R. S. An Estimation of the Effects of the China's Forestry Program on Farmers' Income [J]. Environment Management, 2010, 45 (3): 526 –540.

[156] Liu C. , Mullan K. , Liu H. , Zhu W. Q. , Rong Q. J. The Estimation of Long Term Impacts of China's Key Priority Forestry Programs on Rural Household Incomes [J]. Journal of Forest Economics, 2014, 20 (8): 267 –285.

[157] Lovell C. A. K. , Richardson S. , Travers P. , Wood L. Resources and Functionings: A New View of Inequality in Australia [J]. School of Economics and Public Policy, 1990 (2): 788 –807.

[158] Madhur Gautam, Mansur Ahmed. Too Small to be Beautiful? The Farm Size and Productivity Relationship in Bangladesh [J]. Food Policy, 2018, 3 (1): 165 – 175.

[159] Martin M., Radtke H., Eleveld B., Nofziger S. D. The Impacts of the Conservation Reserve Program on Rural Communities: The Case of the Three Oregon Counties [J]. Western Journal of Agricultural Economics, 1988, 13 (2): 225 – 232.

[160] Mcmaster D. G., Davis S. K. An Evaluation of Canada's Permanent Cover Program: Habitat for Grassland Birds [J]. Journal of Field Ornithology, 2001, 72 (2): 195 – 210.

[161] Parish W. L., Zhe X., Li F. Nonfarm Work and Marketization of the Chinese Countryside [J]. China Quarterly, 1995 (143): 697 – 730.

[162] Ray S. C., Desli E. Productivity Growth, Technical Progress, and Efficiency Change in Industrialized Countries: Comment [J]. American Economic Review, 1997 (87): 1033 – 1039.

[163] Rolf Fare, Daniel Primont. Multi-out Put Produetlon and Duailty: Theory and Applleatlon [M]. Netherlands: Dordrecht Springer Netherlands, 1995.

[164] Schmid. Agricultural Technology: Policy Issues for the International Community [M]. Wallingford, UK: CAB International in Association with the World Bank, 1994.

[165] Schmid. Can Traning and Financial Incentives Combat European Unemployment? A Survey of Recent Evaluation Studies [J]. Economic Policy, 2002 (35): 409 – 448.

[166] Shiba M. Measuring the Efficiency of Managerial and Technical Performances in Forestry Activities by Means of DEA [J]. Journal of Forest Engineering, 1997, 8 (1): 7 – 19.

[167] Sullivan P., McBride W., Hellerstein D., McGranahan D., Hansen

L. , Roberts M. , Johnsson R. , Koenig S. , Vogel S. , Bucholtz S. , Lubowski R. The Conservation Reserve Program-Economic Implications for Rural America [J]. Agricultural Economic Report, 2004 (834): 1 – 106.

[168] Viitala E. J. , Janninen H. Measuring the Efficiency of Public Forestry Organizations [J]. Forest Science, 1998 (44): 298 – 307.

[169] Wang C. M. , Maclaren V. Evaluation of Economic and Social Ipacts of the Sloping Land Conversion Program: A Case Study in Dunhua County, China [J]. Forest Policy and Economics, 2012 (14): 50 – 57.

[170] World Bank, Development Research Center of the State Council. China 2030 Building a Modern, Harmonious, and Creative High-Income Society [M]. Washington D. C: World Bank, 2012.

[171] Yao S. B. , Guo Y. J. , Huo X. X. An Empirical Analysis of the Effects of China's Land Conversion Programme on Farmer's Income Growth and Labor Tranfer [J]. Environmental Management, 2010, 45 (3): 502 – 512.

[172] Yin R. S. , Liu H. , Liu C. , Lu G. Households' Desicions to Participate in China's Sloping Land Conversion Program and Reallocate Their Labor Times: Is There Endogeneity Bias? [J]. Ecological Economics, 2018 (145): 380 – 390.

[173] Yin R. S. , Yin G. P. China's Primary Programs of Terrestrial Ecosystem Restoration: Initiation, Implementation and Challenges [J]. Environmental Management, 2010 (45): 429 – 441.

[174] Zbinden, Simon, David R. Lee. Paying for Environmental Services: An Analysis of Participation in Costa Rica's PSA Program [J]. World Development, 2005 (33): 255 – 272.

[175] Zhang L. , Huang J. , Rozelle S. Employment, Emerging Labor Markets, and the Role of Education in Rural China [J]. China Economic Review, 2002 (13): 313 – 328.

后 记

  本书是在本人博士学位论文基础上完成的。2013 年 9 月，本人有幸成为北京林业大学经济管理学院田治威教授的博士研究生。而后参与国家林业和草原局经研中心刘璨研究员科研团队的由亚洲发展银行、财政部和国家林业和草原局资助的"林业重点工程与消除贫困问题研究"项目。该项目已经连续开展了 20 多年。本人在 2018 年 7 月参与了刘老师科研团队的调研活动，展开了为期 40 天的农村入户问卷调查和关键农户、村镇干部等信息人访谈，获得了本书撰写所需要的一手数据资料。因而本书的出版首先要感谢两位导师的指导和帮助。

  感谢国家林业和草原局经研中心刘浩高级工程师在本书选题、研究设计、数据处理，以及最后的修改和完善方面的悉心指导。感谢北京林业大学经管学院温亚利教授、刘俊昌教授、张大红教授、陈建成教授、程宝栋教授、张颖教授、张为民教授、张彩虹教授、谢屹教授和张岩副教授给与我理论知识的启迪和学术熏陶。

  感谢中南林业科技大学尹少华教授、邓德胜教授、曹兰芳教授与李雄华处长一直以来对我的支持和帮助。同时，感谢研究生叶静媛在本书第 4 章资料收集整理与本书图表修改和完善方面付出的辛苦工作。感谢研究生高鸿、罗浩鑫、刘梦、刘慧芬在本书校对中的认真工作。感谢经济科学出版社编辑和工作人员为本书的顺利完成付出的辛苦劳动。

  最后，感谢我亲爱的家人们。因为你们的鼓励和支持，让我在繁忙的工作、家庭和学业之中获得平衡，让我能够战胜困境、完成本书的撰写。

蒋 欣
2023 年 7 月